防灾应急避险科普系列

社区应急指导手册

《社区应急指导手册》编写组　编

U0330385

中国城市出版社

图书在版编目（CIP）数据

社区应急指导手册/《社区应急指导手册》编写组
编 . —北京：中国城市出版社，2023.4
（防灾应急避险科普系列）
ISBN 978-7-5074-3602-0

Ⅰ. ①社… Ⅱ. ①社… Ⅲ. ①社区—突发事件—应急
对策—手册 Ⅳ. ①C916.2-62

中国国家版本馆 CIP 数据核字（2023）第 068342 号

责任编辑：毕凤鸣 刘瑞霞
责任校对：董 楠

防灾应急避险科普系列

社区应急指导手册

《社区应急指导手册》编写组 编

*

中国城市出版社出版、发行（北京海淀三里河路 9 号）

各地新华书店、建筑书店经销

华之逸品书装设计制版

天津图文方嘉印刷有限公司印刷

*

开本：880 毫米×1230 毫米 1/32 印张：3½ 字数：72 千字
2023 年 4 月第一版 2023 年 4 月第一次印刷
定价：**30.00** 元
ISBN 978-7-5074-3602-0
（904627）

版权所有 翻印必究
如有印装质量问题，可寄本社图书出版中心退换
（邮政编码 100037）

序

我国是世界上自然灾害最为严重的国家之一，灾害种类多，分布地域广，发生频率高，造成损失重，这是一个基本国情。特别是随着全球极端气候变化和我国城镇化进程加快，自然灾害风险加大，灾害损失加剧。我国发展进入战略机遇和风险挑战并存、不确定和难预料因素增多的时期，各种"黑天鹅""灰犀牛"事件随时可能发生。可以说，未来将处于复杂严峻的自然灾害频发、超大城市群崛起和社会经济快速发展共存的局面。同时，各类事故隐患和安全风险交织叠加、易发多发，影响公共安全的因素日益增多。

"人民至上、生命至上"是习近平新时代中国特色社会主义思想的重要内涵，也是做好防灾减灾工作的根本出发点。我们必须以习近平新时代中国特色社会主义思想为指导，坚定不移地贯彻总体国家安全观，健全国家安全体系，提高公共安全治理水平，坚持安全第一、预防为主，建立大安全大应急框架，完善公共安全体系，推动公共安全治理模式向事前预防转型。

要防范灾害风险，护航高质量发展，以新安全格局保障新发展格局，牢固树立风险意识和底线思维，增强全民灾害风险防范意识和素养。教育引导公众树立"以防为主"的理念，学习防灾减灾知识，提升防灾减灾意识和应急避险、自救互救技能，做到主动防灾、科学避灾、充分备灾、有效减灾，用知识守护我们的生命，筑牢防灾减灾救灾的人民防线。这不仅是建立健全我国应急管理体系的需要，也是对自己和家人生命安全负责的一种具体体现。

综上所述，我们在参考相关政策性文件、科研机构、领域专家和政府部门已发布的宣教材料的基础上，借鉴各地应急管理工作实践智慧和国际经验，充分考虑不同读者的特点，分别针对社区、家庭、学校等读者对象应对地震灾害、地质灾害、气象灾害、火灾等，各有侧重编写了相关的防灾减灾、应急避险、自救互救知识。可以说，本次推出的"防灾应急避险科普系列"（6册）之《社区应急指导手册》《家庭应急避险手册》《校园应急避险手册》《地震避险手册》《洪涝避险手册》《火灾避险手册》是为不同年龄、不同职业、不同地域的读者量身打造的防灾减灾科普读物，具有很强的科学性、针对性和实用性，旨在引导公众树立防范灾害风险的意识，了解灾害的基本状况、特点和一般规律，掌握科学的防灾避险及自救互救常识和基本方法，提高应对灾害的能力，筑牢高质量发展和安全发展的基础。

2023 年 4 月

前 言
Foreword

改革开放四十多年来，我国城镇化率进一步提高，城乡社区获得了较快发展，在中国文明史上，城镇化中国将正式取代农村登上历史舞台，深刻地影响国家面貌和居民生活方式。然而，随着我国城镇化加快，人口增多，社会财富价值不断增长，新工艺、新产品、新装饰材料不断开发应用，加之受全球极端气候变化等因素的影响，乡村社区的脆弱、易损性更加突出，直接影响到城镇经济社会质量发展和民生安全。

城乡基层社区作为社会管理的基本单元，不仅在第一时间面对灾害，也要在第一时间处置灾害，是深化综合减灾效力与效益的关键环节。基层社区应急管理体系的构建与完善，是我国应急管理体系的基础，也是落实第三届世界减灾大会通过的《2015—2030年仙台减轻灾害风险框架》关键事项，对于持续发挥好基层社区的战斗堡垒作用，提升基层社区防灾减灾能力等，具有十分重要的意义。鉴于此，我们参考大量资料的基础上，借鉴各地社区应急管理工作实践智慧和国际经验，编写了这本《社区应急指导手册》，目的是引导社区居民树立防范灾害风险的意识，加强基层应急管理，强化基层应急队伍建设，提升社区综合减灾能力，为社区居民安居乐业提供安全保障。

　　本手册由董青、管志光、张宏、张婷婷编写，刘嘉瑶、蔡文泉绘图，中国地震局原副局长何永年研究员、中国地震局原副局长修济刚研究员给予了指导和帮助，在此表示衷心的感谢！

　　由于能力和水平的不足，本手册肯定存在错误和疏漏，敬请广大读者批评指正。

编者

2023 年 4 月

目　录
Contents

六　做好善后工作

社区常见灾害

- 地震灾害
- 地质灾害
- 气象灾害
- 火灾

社区应急指导手册

社区是城镇在一定区域内由居民组成的社会生活的共同体，是城镇社会的基本构成单元，也是实施社会治理的主要依托。随着社区规模的不断扩大和人口的高度集中，地震灾害、地质灾害、气象灾害和火灾等，对社区的危害越来越大。因此，社区居民要充分认识各种灾害的特点，知己知彼，科学避险，化险为夷。

（一）地震灾害

地震就是大地的震动，是地壳快速释放能量过程中造成的地震震动，是一种自然现象。我国地处欧亚大陆东部和太平洋的西岸，正好"夹"在环太平洋地震带与地中海—喜马拉雅地震带之间，使我国地震频发并且灾害严重，地震活动具有地震多、强度大、分布广、灾情重的特点。国内外多次大地震表明，随着城镇化社区的快速发展，人口和社会财富价值不断增长，地震灾害给社区造成的损失越来越严重。发生在2008年的四川汶川8.0级特大地震，造成社区房屋倒塌、损毁和受到严重破坏的面积达8800多万平方米，并造成严重的人员伤亡。因此，从1994年在日本横滨召开的第一届世界减灾大会起，历次世界减灾大会都重申以社区为基础减少灾害风险的重要性。

地震灾害对社区建筑物造成严重破坏

 （二）　地质灾害

　　地质灾害是指在自然或者人为因素的作用下形成的对人类生命财产造成的损失、对环境造成破坏的地质作用或地质现象，主要包括崩塌、滑坡、泥石流、地面塌陷、地面沉降、地面开裂（地裂缝）、沙土液化等，并以分布广、灾发性和破坏性强，具有隐蔽性及容易链状成灾为特点，每年都造成巨大的经济损失和人员伤亡。据自然资源部统计，2021年，全国共发生地质灾害4772起，造成80人死亡、11人失踪，直接经济损失32亿元。从灾情类型看，滑坡2335起、崩塌1746起、泥石流374起、地面塌陷285起、地裂缝21起、地面沉降11起。从灾情等级看,特大型地质灾害35起,大型地质灾害27起,中型地质灾害328起,小型地质灾害4382起。特别是地处山区的社区,往往深受地质灾害的威胁。

泥石流等地质灾害对社区造成严重破坏和威胁

 # (三) 气象灾害

气象灾害是指由气象原因造成的灾害,是自然灾害中最常见的一种灾害现象,一般包括台风、暴雨、冰雹、大风、雷电、暴雪等。近年来,我国气象灾害呈现种类繁多、分布地域广、发生频率高的特点,严重影响经济社会高质量发展和人民群众的生产生活。例如,发生在2021年的郑州市"7.20"特大暴雨，郑州气象观测站最大小时降雨量（20日16时-17时，201.9毫米）突破我国有记录以来小时降雨量历史极值，形成严重的洪涝灾害，因灾死亡失踪380人，直接经济损失409亿元。随着全球气候变暖，极端天气事件发生的几率进一步增大，我国气象灾害的突发性、反常性和不可预见性日益突出，气象灾害的风险日益增加。做好气象灾害的应对，已成为社区居民的一项重要任务。

暴雨往往造成社区积水，形成洪涝灾害

 （四）火灾

在各种灾害中，火灾是最经常、最普遍地威胁公众安全和社会发展的主要灾害之一。近年来，随着人民生活水平的不断提高，家用电器、燃气用具的大量增加，新工艺、新产品、新装饰材料的不断开发应用，特别是城镇规模的扩大、人口的增多、各类建筑物的大量竣工和投入使用，加之人们消防安全意识淡薄，缺乏必要的消防安全常识，引发火灾的因素大量增加，直接威胁着国家和人民群众的生命财产安全。据应急管理部统计，2022年1月至9月，全国共接报火灾63.68万起，死亡1441人，受伤1640人，直接财产损失55亿元。从起火场所看，居住场所发生火灾22.38万起，死亡1061人，分别占火灾总数和死亡人总数的35.15%、73.63%；从城乡分布看，城市地区发生火灾25.96万起，占火灾总数的40.7%。因此，做好城镇社区消防工作，需要从我做起，人人有责。

火灾成为普遍威胁社区安全的灾害

建立社区应急管理体系

- 设立社区综合减灾工作领导小组
- 构建社区应急管理体系新模式
- 建立社区综合应急救援队伍
- 推进灾害事故风险隐患网格化管理
- 创建综合减灾示范社区

二

基层社区作为社会管理的基本单元，不仅是居民生活的重要场所，同时也是灾害风险应对的前沿阵地。基层社区应急管理体系的构建与完善，是我国应急管理体系的基础，也是落实第三届世界减灾大会通过的《2015—2030年仙台减轻灾害风险框架》关键事项，对于持续发挥好基层社区的战斗堡垒作用，提升基层社区防灾减灾能力等，具有十分重要的意义。

制定防灾减灾工作措施

设立社区综合减灾工作领导小组

设立社区综合减灾工作领导小组，推动社区综合减灾和应急管理工作"机构全、领导全、人员全"，使应急管理"关口前移"，可最大限度地发挥社区在突发灾害事件风险防控与先期处置阶段的主观能动性，实现常态减灾和非常态救灾相统一。

社区综合减灾工作领导小组，应以社区主要领导为组长，居民委员会和社区内的学校、医院、企事业单位等有关部门的负责人为成员，主要职责是：①加强对社区综合减灾工作的组织领导，明确具体负责本社区防灾减灾救灾、安全生产工作的领导机构，将社区综合减灾能力建设与社区治理、网格化管理和公共服务等有机结合起来，同时研究部署；②制定社区综合减灾规章制度，与乡镇（街道）应急管理、民政、派出所、自然资源、水利、医疗卫生等单位以及有关社会组织、邻近社区建立协调联动机制，规范开展综合减灾工作；③在社区推进灾害事故风险隐患网格化管理，网格员发现的事故隐患处置率100%；④在防灾减灾救灾、安全生产等方面有一定的经费保障，并严格管理和规范使用。鼓励社区居民参加各类灾害事故保险，提高防范化解风险的能力；⑤建立规范、齐全的创建管理工作档案，包括社区综合减灾工作的文字、照片、音频、视频等资料，及时通过示范社区创建管理系统上报有关情况；⑥负责社区应急救援队伍的建设与管理；⑦定期对综合减灾工作开展自评自查，针对存在问题和不足，落实改进措施。通过这些措施，将灾害风险防范、应急准备与应急响应能力建设有机结合，着力构建全过程、一体化的社区综合减灾管理体系。

构建社区应急管理体系新模式

近年来，各地在基层社区应急管理体系建设方面开展了大胆的探索与创新，取得了长足进步。这些来自一线的实践做法，进一步丰富和完善了新时代我国社区治理体系建设的内涵，同时也为加强和创新社区综合减灾模式起到重要的基础性和先导性作用。主要有以下几个方面：一是在应急管理主体上形成了"基层政府主导—社会组织协同—公众全民参与"的共治共享模式；二是在应急管理内容上探索建立"风险感知—应急准备—应急响应"的全过程应急管理模式；三是在应急管理手段上，借助"互联网＋应急""大数据""智慧城市"等先进平台，推动基层社区应急管理科学化、精细化发展；四是在应急管理基础建设方面，突出能力导向，围绕"人力—物力—财力"三大核心能力建设，全面夯实社区应急管理基础。各地社区可结合实际情况，创新发展。

建立社区综合应急救援队伍

多次大的灾害表明，社区综合应急救援队伍充分发挥就近和熟悉情况的优势，对于先期抢险救灾、组织社区居民自救互救、人员转移安置、及时控制次生灾害蔓延，以及做好善后处置、物资发放、隐患排查和维护社会秩序等方面，发挥了重要作用，成为我国应急体系的重要组成部分，是防范和应对自然灾害等突发事件的重要力量。

（1）队伍组建

社区综合应急救援队，由社区党支部委员会和社区居民委员会（社区两委）负责组建，社区楼（栋）长、居民代表、学校代表、医院代表、企事业单位代表、专家学者等参加，注重发挥具有医疗、教育、应急等专业技能的居民，以及挂职干部、大学生村官、支教教师、志愿者等在社区综合应急救援队建设中的作用。辖区内生产、经营、储存危险物品的单位以及矿山、金属冶炼、城市轨道交通运营、建筑施工单位等应建有应急救援组织。生产经营规模小的，应有兼职应急救援人员。

社区综合应急救援队一般设立队长1名，副队长1～2名；同时设立预警发布组、转移安置组、隐患排查组、医疗救护组、物资保障组、信息报告组、治安交通组、宣传教育组等。这些基础职能岗位由社区全职工作人员兼任，积极动员社区党员干部群众、群团组织、社会组织人员和社工机构人员参与。社区可以根据自身实际设置职能岗位，增减岗位职责，进行人员配置调整。

社区综合应急救援队，应配有适合当地灾害救援特点的救援装备，承担日常应急任务；与社区邻近综合消防救援队伍建立联动机制，积极引导各类社会组织、志愿者参与社区综合减灾工作；引导辖区内学校、医院、工贸企业、商场等企事业单位积极组织开展综合减灾活动，并主动参与社区综合减灾活动；灾害发生后，能够在第一时间进行响应，协助开展全辖区的预警发布、转移安置、医疗救护，协助专业救援人员开展救援，保护社区居民生命财产安全。

社区综合应急救援队伍

（2）岗位职责

队长岗位职责：

社区综合应急救援队队长一般由村、社区党支部书记或主任担任。非灾时期，负责日常管理全面工作；灾害事故发生时，作为指挥负责应急处置工作。具体工作如下：

◇ 制定社区应急预案，建立社区协调联动机制，与当地应急管理与社区邻近消防救援队等单位以及邻近社区建立联动机制，与社会力量、市场主体等建立救援协同机制。

◇ 组建并启动应急处置指挥团队，确定相关人事安排。

◇ 启动并指挥社区综合应急救援队开展救援。

◇ 评估灾情，并根据预案制定应急处置行动方案。

◇ 根据国家法律法规规定，对社区居民和媒体发布灾情和响应信息。

◇ 负责和政府相关部门对接，汇报应急处置和风险防范工作进展情况。

副队长岗位职责：

副队长一般由村、社区党支部副书记或副主任担任。具体工作如下：

◇ 协助队长开展工作，分管救援准备及行动、技术训练和后勤工作。当队长不在时，履行队长的职责。

◇ 根据需要带领综合应急救援队伍进入灾害现场组织抢险救灾，指挥协调各救援小组开展救援工作。

◇ 了解掌握现场救援的进展，处理现场救援遇到的问题，及时向社区综合减灾工作领导小组报告救援工作进展情况。

预警发布组主要工作：

◇ 根据预警发布制度及时发布预警信息。

◇ 协助制定应急预案相关内容。

◇ 协同隐患排查组对社区有关灾害风险情况进行全面核定。

◇ 灾害事故发生后，协同信息报告组开展相关灾害信息的获取和报送工作。

◇ 做好相关文档记录和资料管理工作。

隐患排查组主要工作：

◇ 定期开展灾害事故风险评估、隐患排查及日常管理工作。

◇ 在地质灾害隐患点设置警示标识，并加强日常监测。

◇ 制定安全行动手册，确保社区救援人员安全。

◇ 灾害事故发生后，协同信息报告组开展动态灾情获取和评估工作。

◇ 做好相关文档记录和资料管理工作。

转移安置组主要工作：

◇ 灾害事故发生后，负责组织协调社区居民疏散转移，引导居民开展自救互救，及时向综合减灾工作小组汇报转移安置工作情况。

◇ 协助开展社区居民的善后和灾后重建工作。

◇ 协助制定应急预案相关内容。

◇ 协助管理社区应急避难场所及设施设备。

◇ 做好相关文档记录和资料管理工作。

医疗救护组主要工作：

◇ 灾害事故发生后，对受伤居民开展院前医疗处置。

◇ 开展社区公共卫生防疫的日常监测，协助和参与制定应急预案相关

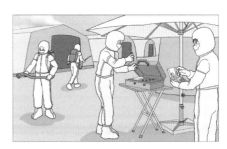

社区公共卫生防疫

内容。

◇ 配合宣传教育组，组织开展简单医疗、自救互救培训和科普宣传教育活动。

◇ 做好相关文档记录和资料管理工作。

物资保障组主要工作：

◇ 灾害事故发生后，调动提供必要的应急物资和救援设备，并开展后勤保障工作。

◇ 开展社区物资储备的日常管理维护和更新工作，并与社区内及邻近超市等企业建立协议储备机制。

◇ 协助制定应急预案相关内容。

◇ 做好相关文档记录和资料管理工作。

信息报告组主要工作：

◇ 灾害事故发生后，及时准确获取、核定并向上级灾情管理部门报送相关灾害信息，并对灾情进行分析评估。

◇ 协助制定应急预案相关内容。

◇ 配合开展社区隐患排查治理，进行灾害事故风险网格化管理。

◇ 做好相关文档记录和资料管理工作。

治安交通组主要工作：

◇ 灾害事故发生后，负责社区的治安管理、交通管制和安全保卫工作。

◇ 负责社区日常治安管理、交通管制，维护社区稳定。

◇ 协助制定应急预案相关内容。

◇ 配合宣传教育组，组织开展交通安全等相关科普宣传教育培训和活动。

◇ 做好相关文档记录和资料管理工作。

宣传教育组主要工作：

◇ 面向社区居民，组织开展符合当地特点的应急自救互救培训和科普宣传教育活动。

◇ 组织开展多主体参与的应急演练。

◇ 配合开展社区隐患排查治理，进行灾害事故风险网格化管理。

社区科普宣传活动

（3）协调机制

建立和完善多方参与的社区应急管理协调机制是社区应急管理工作的重要内容。

建立外部协调机制。社区综合减灾工作领导小组应与当地应急管理、消防、气象、自然资源、水利、医疗卫生、市场监管、教育、电力、市政、派出所等单位以及邻近社区在人力资源、物资保障、信息数据等方面建立协调联动机制。在日常管理中，应通过协同组织宣传教育和培训活动、联合开展风险排查与隐患治理、联合开展应急演练等方式加强互动协作，增进了解并不断完善协调机制。

完善内部协调机制。综合减灾工作领导小组下设各职能工作组相互之间应建立有效的互联互通、协同联动、共建共治机制，加强小组成员的专业能力培训，通过制定应急预案、开展应急演练等方式不断提升应急能力，并在社区风险管理和应急救援实践中不断磨合机制，提升各职能工作组整体的凝聚力与战斗力。

（四）推进灾害事故风险隐患网格化管理

推进灾害事故风险隐患网格化管理，是近年来各地积极探索和大力推广的一种新型社区管理模式。就是在街道、社区大格局不变的基础上，依托信息化平台，以网格化的方式，整合社区资源，将社区住户全部纳入灾害事故风险隐患网格中，实现社区灾害风险管理科学化、精细化和长效化。网格人员一岗多职、多重服务，不仅得把原来"条"上的事做好，自己"网格"里"块"上的事也都要管好。

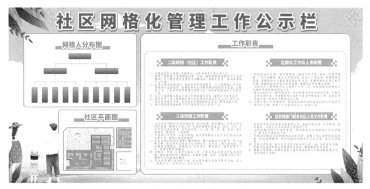

社区网格化管理工作公示栏

社区网格成员的构成，以社区居委会、社区医院、社区学校等公共部门为主，红十字会、相关志愿者组织等民间组织和社区企业、社区商店等私人经济组织为辅。将社区划分为若干个网格，社区干部和网格成员全部纳入网格化体系。在每个网格的醒目位置公布网格责任人（格长）照片、姓名、联系方式、工作内容和管理服务职责等信息，并在楼道的公示栏中张贴。此外，社区统一制作了网格责任人（格长）名片，便于居民遇到紧急问题能够及时联系到网格责任人（格长）。这种以信息化为手段，综合管理、主动防控、智慧应用的综合减灾新模式，实现了"人进房，房进楼，楼进网格"的信息化平台构建，能够有效降低灾害所造成的影响，提高灾害应对的整体效率，达到快速战胜灾害、恢复正常生活和生产秩序的目的，成为社区灾害事故风险隐患的安全屏障。

（五）　创建综合减灾示范社区

为贯彻落实《中共中央　国务院关于推进防灾减灾救灾体制机制改革的意见》和《中共中央　国务院关于推进安全生产领域改革发展的意见》，进一步加强资源和力量统筹，深入创建和规范管理全国综合减灾示范社区，提升社区综合减灾能力，国家减灾委员会、应急管理部、中国气象局、中国地震局于2020年6月16日印发了《全国综合减灾示范社区创建管理办法》《全国综合减灾示范社区创建标准》，每年在全国各地推荐申报材料的基础上，应急管理部会同中国气象局、中国地震局等部门和单位对全国各地上报的全国综合减灾示范社区候选单位申报材料进行复核评审，并对各地创建情况进行实地抽查，提出拟命名的全国综合减灾示范社区名单并予以公示。公示期满，经国家减灾委员会审定后进行命名并授予牌匾。

全国综合减灾示范社区牌匾

综合减灾示范社区应具备以下基本条件：

①有社区灾害风险定期排查制度，有社区灾害风险地图，有事故隐患清单和脆弱人群清单。

②有预警信息发布渠道,预警信息覆盖率100%。

③有满足社区需求的应急避难场所。

④有应急物资储备点并储备必要的应急物资和救援装备。

⑤有综合应急队伍,至少有1名经过培训的灾害信息员。

⑥有符合建设要求的微型消防站,社区消防车通道畅通。

⑦有社区应急预案,每半年至少组织1次应急演练和防灾减灾科普宣传教育活动。

⑧有社区医疗救护站。

⑨主要建(构)筑物达到当地抗震设防要求。

⑩在申报年及前3个自然年内没有发生责任灾害事故。

各地社区应以全国综合减灾示范社区创建标准为依据,坚持"以评促建、以评促改、以评促管、评建结合、重在创建"的工作思路,不断创新举措和途径,积极创建全国综合减灾示范社区,全面提升城乡社区的综合减灾能力和灾害应急管理水平。

建立社区服务站

强化社区灾害风险管理

- 社区风险排查
- 社区风险地图绘制
- 社区隐患治理
- 脆弱人群管理
- 外来务工人员管理

三

加强社区灾害风险管理是当前国际减灾的主要趋势之一。社区作为社会的基本单元，社区居民参与程度的深浅不仅直接影响灾害损失的大小，而且严重影响灾后的社会稳定和重建进程。减少灾害风险切实有效的措施是人们自发地参与和以适当低成本减灾。社区灾害风险管理，就是本着这一理念提出的。这种自下而上的灾害风险管理模式，是鼓励社区居民自觉参与防灾减灾救灾的全过程，以最低的成本，实现最大安全保障。

（一）社区风险排查

风险排查是社区灾害风险管理的重要环节和工作内容，为灾害事故预防和应急管理工作提供可靠的灾害风险信息和科学决策依据。风险排查需要专业人士、相关单位技术人员及社区居民代表的参与。如果需要排查的范围较大或灾种较多，可适当分组进行。

（1）风险评估

在进行实地风险排查前，需要开展风险评估，一般每半年进行一次。风险评估的主要内容有：①制作社区灾害风险地图，标示灾害风险类型、隐患点分布、风险等级、疏散路线、应急避难场所和安置点布局、消防和医疗设施位置等，并在社区公开；②定期开展社区脆弱人群走访，建立包括老年人、儿童、孕妇、病患者和残障人员等的脆弱人群清单，明确脆弱人群结对帮扶救助措施，并向脆弱人群发放防灾减灾明白卡，明确社区灾害事故风险隐患和防范措施，注明社区应急联系人和联系方式；③协助行业主管部门定期开展辖区内市政管线检查，确保供电、供水、供气等管线安全运行。居住建筑电气线路安装敷设规范，不私拉乱接电线，及时更换老化损坏的电气线路；④协助行业主管部门定期开展检查辖区内高层建筑电梯检查，确保安全运行。评估人员密集场所风险，建立大客流监测预警和应急管控制度；⑤定期开展消防车通道和

风险排查宣传

居民楼内疏散通道、安全出口检查，确保生命通道符合标准要求，未被占用、堵塞、锁闭，未堆放影响安全疏散的物品。住宅楼的竖向管井管道防火封堵严密，电缆井、管道井等公共区域以及配电柜、电表箱等处不堆放易燃可燃物品；⑥协助行业主管部门定期检查辖区内防雷安全，检查违规储存、使用或销售易燃易爆危险物品等情况。

（2）实地排查

风险排查小组开展实地风险排查时应划片区分组，并按计划分步骤逐步开展。实地风险排查的主要任务包括：发现并核实社区风险隐患，统计并记录既有风险标识和应对资源的现状，检查疏散通道是否通畅，核查并更新脆弱人群、设施及资源清单，征集社区居民对灾害风险管理的意见和建议等。

由于不同灾害风险往往具有较大差异，其应对策略也不尽相同，所以日常社区风险排查经常按灾种不同，邀请不同的专业人士、相关单位技术力量有针对性地开展特定灾种的风险排查。

主要灾害 事故类型	社区风险排查要点
地震	○断裂带上是否有违规建筑或设施 ○老旧建筑及附属设施（围墙、临时建筑、外装饰等）的危害性及范围 ○易倾倒、跌落家具，广告牌、悬空设施/玻璃等是否清楚，以及是否得到加固 ○临时建筑、工地等高危场所是否有易倾倒/垮塌设施

续表

主要灾害事故类型	社区风险排查要点
地震	○疏散通道是否堵塞 ○应急避难场所的通道是否畅通，应急设施是否保存完好并及时更新 ○脆弱家庭的备灾是否完备，帮扶志愿机制是否建立及是否还有效 ○地震疏散指示牌是否完好
火灾	○疏散通道及消防通道是否畅通 ○是否有私拉电线、电动车违规充电的情况 ○变压器等脆弱设施是否存在风险，是否存在线路老化或超负荷现象 ○消防栓、灭火器等消防设施是否完好 ○是否有新增火灾高危场所、设施等 ○是否有火灾易发的生产厂商/企业，其防火措施/管理机制是否健全 ○木结构房屋、酒吧、网吧等场所是否存在消防管理漏洞
洪涝灾害	○河堤、排水渠、下水道、拦水坝等设施是否完好 ○低洼地带是否存在车辆随意停放、临时建筑搭建等情况 ○是否有建筑、临时设施等堵塞泄洪河道的情况 ○洪涝淹没区是否存在违规电力设施，建筑垃圾倾倒等现象 ○公共设施是否有洪灾时漏电风险 ○排洪区域是否存在违规作业(挖沙、非法建筑等)的现象 ○老旧桥梁等建筑设施是否存在风险
地质灾害	○地质灾害监测点是否出现异常现象(树木倾斜、检测标识异常、裂缝增大、有落石/地下水浑浊等现象) ○泥石流易发河道是否存在堵塞、违规建筑等情况 ○受地质灾害影响路段、房屋是否有足够的防护设施及管理机制 ○疏散路线是否畅通 ○应急避险点是否完好
台风	○老旧建筑及附属设施(围墙、临时建筑、外装饰等)是否有危害性 ○高层建筑、广告牌等是否有易倾倒及跌落风险 ○临时建筑、工地等高危场所是否有坍塌风险 ○室外疏散通道是否堵塞 ○室内应急避难场所的设施是否完善 ○排水沟、河堤等是否通畅完好
病原性传染病	○是否存在野生动物交易、抓捕、食用的现象 ○环境卫生是否存在死角，垃圾、下水道等管理是否有漏洞 ○是否存在假冒伪劣食品加工、交易的现象 ○餐厅、学校食堂等卫生是否达标，食材有无腐败、存放不妥

续表

主要灾害事故类型	社区风险排查要点
交通事故	○交通事故易发路段的标识牌、红绿灯、路障设施等是否完善、合理 ○易结冰路面是否有结冰现象 ○停车场的管理设施及机制是否完善，是否存在隐患点 ○易发生事故路段的执勤、协管志愿者是否有风险

所有排查工作要在保障安全的情况下开展，尤其是在进行线路排查、高空排查、交通事故高发地段及社会治安相对混杂地段排查时，一定要有专业人员带队，并且队伍中需要设置专门的安全员。排查小组要开展团队协同，不能单独行动。要认真记录，指定专人负责，通过文字、影像等方式进行记录并整理。

（3）社区应急资源统计表单

第一次进行社区风险排查时，需完善各种社区灾害事故应对资源的统计，在之后的风险排查中只需要对这些表单的信息进行更新即可。

①应急指示标识牌统计。

地点	标牌类型	现状	需求
×××弯道	注意弯道	缺少	标牌2块，双向标识
×××隐患点	××隐患点	已有标牌已经破损	新制标牌1张替换
×××应急避难广场	应急避难广场方向指示牌	只有应急避难广场标牌	缺少方向指示牌×××个
……			

②社区综合应急救援队队员职责及分工。

职务	姓名／职责	联系方式
队长		
……		

③医疗急救资源统计。

志愿者团队职务	姓名	住址	电话	专业特长简述

④社区志愿者团队统计。

志愿者团队职务	姓名	住址	电话	专业特长简述

⑤驻区企业和商户统计。

姓名	职务	地址	电话	经营领域简述

⑥交通及运输资源统计。

姓名	车型	车牌号	地址	电话
	巴士			
	大型运输车辆			
	工程车辆			
	……			

⑦其他社区资源统计。

内容描述	地址和电话	相关信息

 ## （二）社区风险地图绘制

　　社区风险地图通过图像标识把风险、灾害事故、救助等信息反映在地图上，将灾害风险视觉化、形象化，展现社区风险及安全场所，以达到提高公众安全意识、减轻风险的目的。

　　在进行充分的社区风险排查工作后，应根据其结果绘制社区风险地图。社区风险地图的绘制需要社区居民的参与，通过组织小组式的参与讨论开展。社区风险地图既可人工绘制，也可数字化绘制。数字化绘制的社区风险地图可以增加脆弱人群

减灾风险地图

分布、脆弱设施分布、运输资源分布、商业资源分布等更多社区风险排查、隐患治理的信息，并实现图层管理及动态管理。

（1）社区风险地图绘制的一般步骤

绘制社区风险地图总体来说分为四个步骤：绘制前的风险排查、绘制前的筹备、绘制地图、地图成图。

第1步：绘制前的风险排查。在绘制地图前进行实地观察，排查风险隐患，整理收集到的灾害信息，并且明确社区及周边的重要建筑及可利用的资源，评估灾害事故发生的可能性、危害性等。

第2步：绘制前的筹备。由社区应急管理工作小组中的预警发布组、隐患排查组负责与其他相关人员共同开展筹备工作，确定绘制底图、绘制内容、绘制方法、绘制规范，同时准备绘制地图所需要的基本工具等。

第3步：绘制地图。绘制地图可以遵循以下几个环节：居民分组、开展培训、分组讨论、现场核查、分组绘制地图、成果汇总、总结回顾。

第4步：地图成图。由社区应急管理工作小组相关人员与参与绘制的社区居民共同商定成图形式及后期管理工作等，并按照商定后所达成的共识执行。

（2）社区风险地图标示信息

社区风险地图至少应标示如下信息：

◇ 灾害事故隐患标示：灾害隐患点的标示除了断裂带，还可以用不同底色的方式标示潜在的影响范围，例如洪灾用红色线条突出隐患点河段；存在火灾隐患的农房用红色圆点标示；交通隐患点用车辆相撞的图标标示；老旧农房（可能是下次地震的隐患点）用黄色圆点标示。

◇ 脆弱易损设施标示：主要指区域范围存在的固有的易受损区域，包括学校、幼儿园、变压器、卫生室、水库等脆弱设施。例如极端风险房屋可用红色标示；高风险房屋可用橙色标示；中风险房屋可用黄色标示；低风险房屋可用绿色标示。

◇ 应急资源标示：社区应急避难场所可用相应图标标示出所在位置以及大小和形状；车辆、挖掘机、小卖部等社区资源可用相应图标标示；安全逃生路线可用蓝色线条突出显示。

◇ 疏散路线标示：不同灾害事故类型的疏散路线或有不同，需要针对不同灾害事故类型绘制专门的风险地图。

 （三）社区隐患治理

隐患治理是减轻灾害事故风险的关键步骤。对于风险排查中发现的隐患，要先进行科学分类，再有针对性地进行治理。隐患治理工作需要社区全员的参与和配合。

社区隐患治理主要包括：①建立社区事故隐患清单，强化对重点场所、重点部位的隐患排查，明确事故危险源、危险设施、设施损坏、设备缺失等相关信息，制定实施隐患治理方案，有关治理情况在社区公开；②汛前开展社区防汛检查，整改洪水、内涝、雷击风险隐患点。在地质灾害隐患点设置警示标识，并加强日常监测。林（牧）区社区周边开设必要的防火隔离带，定期开展森林（草原）火灾隐患排查；③管道燃气、供电、通信、有线电视等专业经营单位定期维护保养公共电气设备设施，及时整改电气火灾隐患；④开展电动自行车违规停放治理，电动自行车集中停放。设置符合用电安全要求的充电设施，充电场所满足消防安全条件。因客观条件无法设置集中停放、充电场所的，应加强日常管理，做好巡查、检查；⑤辖区内餐饮场所按规定安装可燃气体浓度报警装置；⑥建立辖区内事故与伤害记录机制，指定专人每季度进行一次生产安全、消防安全、交通安全、社会治安、燃气安全等各类事故与伤害数据的收集、整理与分析。

（四）脆弱人群管理

在开展社区风险管理的对象群体方面，涵盖了独居老人、退休人员、孕妇、儿童、伤病患者、残障人员等典型社区弱势群体。在特殊情况下，普通居民也可能成为脆弱人群，如因各种原因不得不常年居住在地质灾害隐患点范围内的所有居民，都属于该地质灾害隐患的脆弱人群，又如居住在老旧建筑内的居民，属于社区的火灾、地震、风雹等灾害事故的脆弱人群。

（1）社区脆弱人群统计

在开展社区风险排查时，通常需要对包括老年人、儿童、残障人员、病患者、孕妇在内的脆弱人群进行统计。同时，对脆弱人群应进行动态监测管理，每次风险排查都需要分工进行统计信息的更新。

姓名	电话	地址	特殊需求

（2）帮扶措施

通常由社区综合应急救援队协助社区两委、网格员、物业公司、业委会等对脆弱人群进行结对帮扶。措施既包括突发状态下在疏散、安置等事项上的帮扶，也包括向脆弱人群发放应急明白卡，明确社区安全隐患及防范措施，注明社区应急联系人和联系方式，协助有脆弱人群的家庭制

社区要关心帮助老人、儿童等脆弱人群

定家庭应急预案，并积极推动家庭备灾。

（五）外来务工人员管理

外来务工人员及其家属不熟悉社区环境条件，未掌握社区灾害风险、脆弱设施、应急资源等情况，比较容易成为突发事件发生时的脆弱人群。但外来务工人员也是社区新的突发事件应对力量，部分热心公益志愿服务、有特长有资源的人，能为社区应急管理提供助力。

（1）外来务工人员管理

社区对外来务工人员的管理主要有登记、告知、备案、动员参与等事项。对外来务工人员的登记信息应提交当地公安机关、应急管理部门备案，备案更新时间以社区应急预案修订时间为准，或与相关单位沟通确定。

外来务工人员登记管理实际执行难度较大。社区可以通过用工单位、房东、房屋租赁机构等协同公安机关加强对外来务工人员的登记管理。从社区应急的角度，对外来务工人员的登记管理可参照下表。如果能够建立外来务工人员档案，还可以登记籍贯信息、民族信仰、血型、过敏史、工作单位及联系人、外出交通方式、在社区居住年限及计划等更多内容。

姓名	身份证号	居住地址	健康状况（过敏史）	紧急联系人	职业/特长	是否愿意成为应急志愿者	联系方式

为了使外来务工人员了解社区内灾害事故类型和应急措施等，应对外来务工人员发放应急告知书。除了在公开栏、社区生活应用小程序（APP）、社区网站等处公开外，还可以通过用人单位、房东和房屋租赁机构等，以纸质版的方式发放至外来务工人员手中。应急告知书应包括社区常见灾害事故类型、应急避险办法、疏散路线、应急避难场所、家庭备灾清单、紧急救助电话等信息。

（2）外来务工人员参与共建共治

社区综合应急救援队协助社区积极动员外来务工人员参与社区应急共建共治，包括加入社区综合应急救援队，参加防灾减灾培训、参与社区应急志愿服务等。视情况将外来务工人员的子女、家人等纳入社区应急预案的统筹管理范围。

做好社区应急准备

- 编制社区应急预案
- 开展应急演练
- 进行宣传教育和培训
- 加强应急基础设施建设
- 建立应急救灾物资储备机制
- 发挥灾害保险作用

要贯彻"预防为主，防抗救相结合"的方针，建立完善应对各种灾害事故的能力准备、预警准备、预案准备和应急物资准备，健全应急准备体系。社区居民作为社区的主人，要主动参与到社区防灾减灾宣传教育培训、应急演练等工作中去，切实提高自身应对各种灾害的能力，实现常态减灾与非常态救灾相统一，使应急准备效益最大化。

 # （一）编制社区应急预案

社区应急预案，是高效有序开展应急工作的重要前提，是应急管理的重要组成部分，关系到广大社区居民的生命安危，要精心组织，科学编制。

（1）应急预案编制

编制适应社区特点的应急预案，通常基于充分的社区风险排查、风险图绘制及脆弱人群、设施、灾害事故应对资源等调查统计结果。在此基础上，邀请社区综合应急救援队、社会力量组织和社区居民代表参与研讨而制定的，使预案具很强的实用性和可操作性。

应急预案应明确协调指挥、预警通知、隐患排查、转移安置、物资保障、信息报告、医疗救护等小组分工，明确预警信息发布方式和渠道，明确应急避难场所分布、应急疏散路径以及临时设立的生活救助、医疗救护、应急指挥等功能分区的位置，明确社区所有工作人员、脆弱人群和流动务工人员的联系方式以及结对帮扶责任分工，明确在社区封闭化管理后的特殊保障措施等内容。辖区内生产经营单位组织制定并实施本单位的生产安全事故应急预案，并及时更新。通过多种方式积极吸纳社区居民、社区内企事业单位、社会组织和志愿者等广泛参与，尤其争取更多中小学生参加，充分发挥"小手拉大手"的作用。

（2）应急预案的主要内容

社区级应急预案通常包括不同灾种类型、隐患点的专项预案和社区综合应急救援队的综合响应预案两类。它们都有相似的内容结构：

◇ 修订记录、前言、目录：修订记录应包括修订时间、修订人、修订内容等。

◇ 基本情况：社区的地理位置、人口信息、交通、社会经济基础等基本情况概述。

◇ 组织架构：明确协调指挥、预警通知、隐患排查、转移安置、物资保障、信息报告、医疗救护等组别职能和分工。

◇ 分级响应：一般将灾害应急救援响应级别分为四级。

◇ 风险评估：社区常见灾害风险评估、脆弱人群统计、脆弱设施统计，以及结对帮扶责任分工。

◇ 社区风险地图：标注社区主要灾害风险、应对资源、应急避难场所、疏散路线等信息。

◇ 附则：包括预案实施的时间和预案的管理等信息。

◇ 附录：此部分包含编制的各种图件以及任务分工表等。

（3）不同灾害事故的应急响应流程

要针对社区不同的灾害事故和隐患，按照风险等级，制定灾害事故应急响应流程。假设某种灾害事故发生，或某处灾害事故隐患发生险情，社区综合应急救援队组织社区居民代表，协同相关单位开展桌面推演，然后进行复盘和总结，即可梳理出该灾害事故、隐患的应急响应流程。其中，针对灾害事故隐患点的应急响应流程制定，一般建议通过受该隐患影响的居民代表开会推演，以解决一些核心问题，如谁负责日常隐患

制定应急预案

点监测；在灾害事故易发季节、时段，哪些人如何轮流进行日常监测；一旦发现险情特征，如何告知所有人；每一位脆弱居民的避险分别由谁负责照顾；临时避险点和过渡安置点分别在哪里，以及日常如何维护等。

以下是常见灾害事故的应急响应流程参考：

气象类和地质类灾害的社区应急响应流程

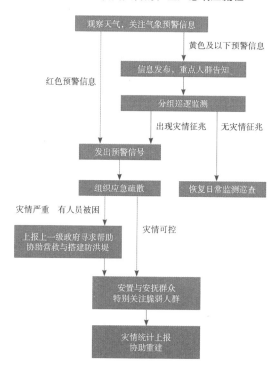

火灾灾害的社区应急响应流程

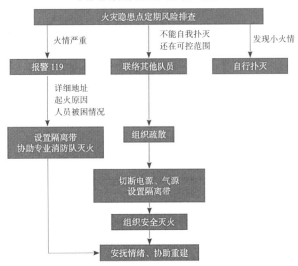

火灾隐患点定期风险排查

火情严重 → 报警119
不能自我扑灭还在可控范围 → 联络其他队员
发现小火情 → 自行扑灭

报警119 → 详细地址 起火原因 人员被困情况 → 设置隔离带 协助专业消防队灭火

联络其他队员 → 组织疏散 → 切断电源、气源 设置隔离带 → 组织安全灭火

安抚情绪、协助重建

地震灾害的社区应急响应流程

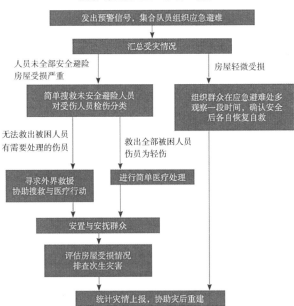

发出预警信号，集合队员组织应急避难

汇总受灾情况

人员未全部安全避险 房屋受损严重 → 简单搜救未安全避险人员 对受伤人员检伤分类

房屋轻微受损 → 组织群众在应急避难处多观察一段时间，确认安全后各自恢复自救

无法救出被困人员 有需要处理的伤员 → 寻求外界救援 协助搜救与医疗行动

救出全部被困人员 伤员为轻伤 → 进行简单医疗处理

安置与安抚群众

评估房屋受损情况 排查次生灾害

统计灾情上报，协助灾后重建

（4）应急预案的文本管理

社区应急预案文本中通常包括社区基本数据和居民个人信息，可能存在社区和个人信息泄露、滥用风险。因此，社区管理工作小组可制定限制版（完整文本）和非限制版（不含个人和社区信息文本）的应急预案。社区管理工作小组可以根据以下表格将不同版本的预案文本分发给相应人员。

预案持有者	联系方式	持有版本的类型非限制（U）/限制（R）	持有版本的形式纸质版（P）/电子版（E）
		填写U或者R	填写P或者E

（5）应急预案的报备与修订

应急预案编制完成后，应按规定报上级主管部门审查、批准或备案，然后印发实施，逐级组织落实。社区应急预案通常由社区综合减灾工作领导小组提交上级主管部门及相关单位备案，以便突发事件发生时各方能更好地根据预案协同处置。为了及时更新预案，联系信息必须随人事变动而更改。根据社区灾害事故风险变化、社区实际及应急演练中发现的问题，及时修订应急预案，不断提升预案的针对性、适用性、操作性。每次修订后需要通知持有者，并提交备案单位重新备案。

（二）开展应急演练

社区开展应急演练是提升社区应急能力的关键，也是对社区应急能力建设的检验和评估方式之一。目的是查找应急预案中存在的问题，检查应急救援队伍、物资、装备、技术等方面的准备情况，检验应急救援队伍各小组、参与单位和人员等对预案的熟悉程度，以及社区居民的参与程度和应急疏散的高效顺利程度，提高应急处置能力；进一步明确相关单位和人员的职责任务，理顺工作关系，完善应急机制；普及灾害应急知识，提高社区居民风险防范意识、防灾避险和自救互救等应对能力。因此，社区开展应急演练意义重大。

（1）演练方案

应急演练的种类很多，对社区来说，一般进行桌面演练和实战演练。桌面演练相对更高效且低成本，通常在社区应急预案修订、队伍训练、新风险点研讨等场景下运用。实战演练，是指参演人员利用应急处置涉及的设备和物资，针对事先设定的灾害事件及其后续的发展情景，通过实际决策、行动和操作，完成真实应急响应的过程。不管哪种演练方式都需要编写演练方案，精心谋划、周密部署、科学实施、确保安全，从而取得实际效果。

演练方案通常包括如下内容：

①应急启动。主要包括灾害预警发布、灾情快速获取、灾害级别与响应级别研判、应急响应启动、应急救援队伍调集等。

②应急指挥。主要包括应急指挥机构运作、救灾工作部署、救援力量和物资装备调运、现场应急指挥协调、应急结束研判与发布等。

③灾情报送。主要包括灾情获取、灾情分析与评估、灾情汇集与上报等。

④人员搜救。主要包括现场调配抢险救援力量和装备、搜索与营救被困人员、紧急救治与运送伤员等。

⑤自救互救。主要包括被困人员紧急避险和自救互救，综合减灾应急救援队伍开展救援行动等。

⑥转移安置。主要包括应急避难场所启用、帐篷和生活必需品调运、被困人员紧急疏散、转移和安置等。

⑦医疗救护。主要包括对受伤居民开展院前医疗处置、医疗器械和药品调集、受伤人员转运、社区公共卫生防疫。

⑧治安维护。主要包括社区治安管理、交通管制和安全保卫、重要场所警戒等。

⑨物资保障。主要包括调动提供必要的应急救援物资和救援设备，并开展后勤保障工作。

⑩信息发布。主要包括灾情信息发布、救灾新闻宣传报道、新闻媒体采访报道组织安排等。

演练流程内容要和应急预案的内容契合，在每一个环节中确定人员分工、细节预设等内容。

序号	时间	流程内容	所需物资	注意事项

演练物资准备主要包括应急工具的检查、耗损用品的采购、化妆、障碍物品的准备、后勤用水、毛巾等物品、演练奖品、宣传单等。演练场景布置需要提前进行实地考察，明确演练路线、环境布置、观察员和摄影摄像等工作人员的分工及任务。

（2）演练类型及角色管理

根据演练类型，可分为有脚本演练和无脚本演练。对新成立的社区综合应急救援队和很少参加应急演练的社区居民来说，应急演练的难度较大。通常建议第一次演练只采用设定的脚本，给每一位社区综合应急救援队队员（以下简称"队员"）及居民提供固定的脚本及台词，让他们按照固定的路线"表演"，说指定的话，做指定的动作，不设置任何意外的干扰，或只有在指挥者认为可以的情况下给参演人员设置脚本以外的"干扰要素"。这类演练能让队员及居民熟悉应急演练活动，并在活动中增强对预警信号、疏散路线、救援技术等的掌握。

时间	地点	岗位职责/技术要点

队员及居民对有脚本演练熟悉之后，可以逐渐增加"干扰因素"，让演练难度增大，作为"挑战式演练"，以训练队员及居民应对突发情况的应变能力，例如，突发疾病不能顺利逃生的老人；搜救过程中遇到险情；过度受惊的居民等角色的出现；不同程度和部位受伤的伤员；救援队员在任务过程中遭遇心理问题等。

在有脚本演练的基础上再进一步，可以在专家的指导下开展"无脚本演练"。这类演练只设置演练的空间范围与场景，将队员分组，相互设置应急状态下的难题，以考验队员的综合应急能力。

（3）演练管理与评估总结

应急演练是一项系统工程，必须从安全出发，加强组织领导，除演练脚本和过程控制外，还要加强演练全过程管理。对于观察员要有人负责讲解并带领其按照指定路线，在指定时间内，有目的地完成演练观察。对摄影摄像志愿者要提前培训不同环节和场景下应该注意的细节，并明确拍摄分工，提前到位。技术指导统一负责全程技术监测，以便进行演练后的总结提升及成效测评。要加强演练的风险管理，做好事前评估工作，包括演练场地、参演人员和物资等，安排专业人员或志愿者在演练过程中提供安全保障服务。演练结束后，确保所有物资复位。

演练总结可分为现场总结和事后总结。现场总结是在演练的一个或所有阶段结束后，由演练总指挥或者总策划、评估组组长等在演练现场有针对性地进行讲评和总结。内容主要包括：演练的组织情况、演练目标及效果、参演队伍及人员的表现、演练中暴露的问题、解决问题的办法等，并发放奖品。事后总结是在演练结束后，根据摄影摄像、演练记录、演练评估报告、现场总结等材料，对演练进行系统和全面的总结，并形成演练总结报告，内容包括演练准备及组织情况、演练的目的、演练的时间和地点、参演单位和人员表现、发现的问题与原因、经验和教训，以及改进有关工作的措施建议等。

评估总结的依据是分散在演练现场不同位置、场景的考核，拍摄、记录员的工作表。

时间	地点	考核对象	考评要点	拍摄要点

应急演练结束后，还要及时整理演练资料，进行评估总结。

预案名称			演练地点	
组织机构		总指挥	演练时间	
分工安排				
演练类别	□实际演练 □桌面演练 □全部预案 □部分预案			
演练目的				
物资准备情况				
演练过程描述				

续表

预案适宜性充分性评审		适宜性：□全部能够执行 □执行过程不够顺利 □明显不适宜 充分性：□完全满足应急要求 □基本满足需要完善 　　　　□不充分，必须修改
演练效果评审	人员到位情况	□迅速准确 □基本按时到位 □个别人员不到位 □重点部位人员不到位 □职责明确，操作熟练 □职责明确，操作不够熟练 □职责不明，操作不熟练
	物资到位情况	现场物资：□现场物资充分，全部有效 □现场准备不充分 □现场物资严重缺乏 个人防护：□全部人员防护到位 □个别人员防护不到位 □大部分人员防护不到位
	协调组织情况	整体组织：□准确、高效 □协调基本顺利，能满足要求 　　　　　□效率低，有待改进 救援队分工：□合理、高效 □基本合理，能完成任务 　　　　　　□效率低，没有完成任务
	实战效果评价	□达到预期目标 □基本达到目标，部分环节有待改进 □没有达到目标，须重新演练
	外部支援部门和协作有效性	报告上级：□报告及时 □联系不上 消防部门：□按要求协作 □行动迟缓 医疗救援部门：□按要求协作 □行动迟缓 周边政府撤离配合：□按要求配合 □不配合
存在问题		
改进措施		

记录人：　　　　　　　评审负责人：　　　　　　时间：

（三）　进行宣传教育和培训

　　贯彻以人民为中心的发展思想，积极开展防灾减灾救灾宣传教育，着力营造社区"我为人人、人人为我"的全员应急良好氛围，增加社区公众对灾害事故等突发事件的认识，提高日常预防和自我保护能力。

（1）明确宣传培训目标

结合社区工作计划和应急预案内容，设定社区综合应急救援队培训及训练目标，以及对社区居民、学校、企业和商业组织等主体的宣传教育目标。制定目标时，要考虑以下五个维度：目标是否明确、目标是否可衡量、目标能否达到、目标是否和工作相关、目标是否有时间限制。

为了实现上述目标，制定培训方案时，需要考虑复训安排。针对参加过培训的人员，可以单独安排复训，或者新开培训课程时预留名额给以前参加过培训的人员，这样才能确保知识技能不会被遗忘并进行动态更新。

（2）制定宣传培训计划

社区宣传培训计划的制定需要教官、社区综合应急救援队队员、社区居民及培训场地提供方等多方协同，结合社区常见灾害事故隐患的治理需求，如高发时间、受影响范围等，并响应国家及地方政府统一的应急宣传计划，如全国防灾减灾日、国际减灾日、消防安全月等，有计划、有目标的开展宣传培训。

社区培训计划（范例）

××社区

培训周期：2020年1—12月

培训主题	培训内容	培训时间	培训对象	培训人数	培训地点	培训方式	师资	培训经费来源	合作单位	备注
消防安全	如何正确使用灭火器	2020年1月	社区居民	20人	社区活动中心	授课	消防官员	自有经费	市消防局	含复训人员
校园安全	逃生救助和紧急疏散	2020年3月	学生和校园应急管理人员	200人	学校	授课+演练	志愿者	社会组织项目经费	社会组织和学校	
企业安全	高楼逃生	2020年3月	企业和商户员工	50人	企业或社区活动中心	授课+演练	企业安全专家或志愿者	企业经费	企业	

（3）应急救援队的师资招募和培训

社区综合应急救援队，是社区防灾减灾和应急救援的骨干力量，是我国应急救援队伍体系的组成部分。地方政府应统一纳入基层应急专业队伍进行管理，统一进行院前急救、消防灭火、高层建筑逃生、卫生防疫等专业救援知识和技能的培训，确保社区应急救援能力和水平与专业队伍一样得到同步提升。

社区作为综合应急救援队的组建和管理部门，可邀请消防、急救和相关专业社会组织等专业响应人员或资深从业人员担任社区综合应急救援队教官，逐步培养队员成为社区长期稳定的助教及教官储备人才，从而保证宣传培训活动的质量。应建立本社区的培训师资数据库，做好培训师资的管理和维护工作，实现宣传培训的常态化，切实提高应急救援队的实战能力。

教官信息表

姓名：	
地址：	工作电话：
	家庭电话：
	手机：
工作单位：	电子邮件地址：

有经验或擅长的领域（请勾选）：

• 消防安全与灭火	• 灾后心理疏导
• 危险材料安全处置	• 模拟演练
• 应急医疗检伤分类与处理	• 其他
• 搜救技巧与标记	

参加过的技能发展培训：

开展过的培训教授经验：

（4）宣传培训对象及内容

社区综合应急救援队员的培训，应参照《应急救援员国家职业技能标准》中的初级救援员标准（五级），组织参加应急救援培训及训练。

培训的主要内容包括：社区常见灾害事故的应急准备与应对方法。根据不同社区的主要灾害事故类型选择课程，针对每类灾害事故介绍其特点、准备措施、应急逃生、人群疏散管理等方面的内容；风险排查与应急预案制定方法。同样针对不同社区的灾害事故类型学习风险排查的要点、工具使用方法、风险图绘制技能、脆弱人群、设施与资源统计要点及响应流程设定中的要领等，并在专业人士指导下参与本社区应急预案的制定；院前医疗包括医疗防护、检伤分类、医疗区搭建、公共卫生危机应对、致命性伤害的院前处置、外伤包扎、各种意外伤亡处置、心肺复苏及 AED 使用法等；简单搜索与营救包括搜救防护、室外搜索、叠木顶撑与杠杆营救法、不同形式的伤员转运法等；应急指挥包括现场指挥的组织分工、应急救援指挥、信息记录与传达、媒体应对等；心理疏导包括应急心理常识、救援队员和工作人员的心理关照、受灾居民的情绪安抚、遇难者家属告知的方式等。

对社区所有人员的培训，包括普通居民（脆弱人群）、志愿者、在校学生、企业员工等。有别于专业响应的知识技能，针对社区所有成员的宣传教育内容应该是基础的、易操作的，无论男女老少或脆弱人群都能掌握。由于网络资源良莠不齐，充斥着很多错误的应急知识，因此建议社区宣传的应急知识应通过正规渠道获得，如中华人民共和国应急管理部官网、订阅号、官方微博，国家应急广播官网、订阅号、微博号，国家减灾网及当地应急管理局、红十字会等官方渠道。

通过不断的应急意识培养和应急能力训练，使社区居民基本具备初期应急响应、应急避险、紧急逃生、自救互救、灾情报告等一系列基本应急技能，实现社区从应急处置"最后一公里"向风险防范"最前一公里"的转变，弥补突发事件发生初期专业救援力量到达现场之前的救援能力空白。

社区开展防灾减灾宣传培训

（5）宣传教育方式

除了对社区综合应急救援队、社区所有人员开展培训，还要开展多种形式的宣传教育，全面提高社区居民的防灾减灾意识和能力。

为实现防灾减灾宣传教育的常态化，社区应有相对固定的科普宣传教育场地，鼓励有条件的社区建设综合减灾科普宣传教育基地或应急体验馆，定期向社会开放，为中小学生、老年人、残疾人等不同社会群体提供体验式、参与式科普宣传教育服务。

综合利用乡镇（街道）、社区综合服务设施和社区多功能活动室、会议室、图书室等，设置防灾减灾科普宣传教育专区，张贴防灾减灾法律法规和有关常识、灾害风险图、隐患清单、应急预案流程图等宣传挂图，方便居民学习了解。

充分发挥广播、电视、网络、手机、电子显示屏等载体的作用，做好经常性综合减灾科普宣传教育。积极开展群众性综合减灾文化创演活动，鼓励文艺团体、业余文艺演出队进行相关文艺创作。

定期开展符合当地特点的综合减灾培训，发放社区和家庭应急指导手册，提升居民应对地震、洪涝、台风、强对流天气、地质灾害、火灾、燃气、交通等不同灾害事故的逃生避险和自救互救技能。

结合全国防灾减灾日、全国科普日、全国消防日、安全生产月、国际减灾日、世界气象日、世界地球日等，以及农闲、节庆、集市、庙会、民俗活动和外出务工人员返乡等时机，每半年至少集中开展一次防灾减灾救灾、安全生产、消防等大型科普宣传教育活动，社区居民参与率在10%以上。

鼓励辖区内企业开展"公众开放日"活动，邀请社区居民走进企业，近距离接触生产、了解生产，为企业安全管理建言献策。

针对社区居民受教育水平和知识储备参差不齐的现象，在防灾减灾救灾宣传培训中可以采用生动活泼的方式，如现场演示、现场教育等，手把手地对实践操作者或者社区民众进行培训。

宣传方式	优势	局限
宣传栏	○ 居民可见度高，覆盖面广 ○ 关键信息与内容可以随季节更新且可长期固定宣传 ○ 成本极低	○ 张贴内容容易被覆盖 ○ 信息量有限 ○ 部分居民对宣传栏内容仅仅大致浏览甚至直接忽略 ○ 宣传栏的形式、位置等也影响宣传效果
传单/海报	○ 形式、内容非常灵活 ○ 队员参与度高 ○ 发放数量容易量化统计	○ 有效阅读率难以评估 ○ 信息量有限 ○ 与居民之间难以形成互动
讲座/宣传演出	○ 内容丰富翔实 ○ 形式活泼，能吸引社区居民参与及互动 ○ 宣传效果较好，对行为改变更有效	○ 需要找到优秀的专业讲师，进行大量的排练 ○ 制作培训教案、演出内容 ○ 成本较高 ○ 影响人群数量有限
应急演练/互动体验游戏	○ 互动效果最好，能吸引社区居民参与 ○ 体验效果好，对行为改变更有效 ○ 单项宣传内容能给人留下深刻的印象	○ 对队员及组织者的要求都很高 ○ 社区居民的组织参与难度比较大 ○ 成本较高，影响人群数量有限，更适合提高技能
家校联动/社企联动的传播活动	○ 形式、内容丰富灵活 ○ 学校/企事业单位的高效组织对传播效果的提高非常有帮助 ○ 互动性较好，成本可控 ○ 社区居民覆盖面也比较广	○ 最需要帮助的脆弱人群、外来务工人员等可能被排斥在外 ○ 前期与学校、企事业单位的沟通、协同成本较高 ○ 对组织者的挑战较高
微信群/贴吧等社交媒体传播	○ 随时传播、内容丰富 ○ 可触及人群广泛，传播效率高 ○ 网络资源丰富，线上也可以互动传播	○ 维护小区居民的微信群难度较大，老年人群难以触及 ○ 网络咨询的内容良莠不齐，需要专业人士参与辨识

（6）宣传培训评估

评估是检验宣传培训效果的重要内容，能够帮助社区了解居民是否真正掌握灾害事故应对的知识技能，避免宣传教育工作的形式主义，并帮助主办方改进工作方式方法。

评估要始终贯穿宣传培训活动，包括对师资的评估，主要评估师资的专业知识技能和授课水平；对参与人员的评估，确保其掌握并会使用相关知识技能；对协作部门的评估，侧重评估其参与及时性、有效性；对活动主办方的评估，重点是评估其活动设计、组织和协调能力。

 （四）加强应急基础设施建设

加强社区应急基础设施建设，夯实应急基础建设，把应急基础设施及避难场所建设纳入社区建设规划和城乡规划，并注重综合运用社区各类场所设施资源，提高紧急条件下社区应急保障能力。

（1）应急避难场所建设

社区应急避难场所是为应对突发事件，经规划、建设与规范管理，具有应急避难服务设施，可供居民紧急疏散、临时生活的安全场所。结合社区常见灾害类型和风险等级，充分利用公园、广场、城市绿地、学校、体育场馆、社区综合服务设施等已有设施，通过改扩建、新建等方式推进应急避难场所建设，鼓励因地制宜、资源共享、综合利用，满足居民紧急避险和转移安置需求。

社区应急避难场所建设应符合《城市社区应急避难场所建设标准》(建标180—2017)规定,遵循"以人为本、安全可靠、平灾结合、就近避难"的原则,合理确定建设规模,满足发生突发性灾害时的应急救助和保障社区避难人员的基本生存需求。

城市社区应急避难场所建设规模分为三类:一类社区规划人口或常住人口(人)10000~15000人;二类社区规划人口或常住人口(人)5000~9999人;三类社区规划人口或常住人口(人)3000~4999人。对于3000人以下的社区,可参照三类指标要求建设应急避难场所;对于15000人以上的社区,可参照相近分类指标要求分点建设应急避难场所。避难场地应包括应急避难休息、应急医疗救护、应急物资分发、应急管理、应急厕所、应急垃圾收集、应急供电、应急供水等各功能区。应有两条及以上不同方向的安全通道与外部相通,通道的有效宽度不应小于4米。城市社区应急避难场所宜优先选择社区花园、社区广场、社区服务中心等公共服务设施进行规划建设,并应符合避难场地和避难建筑的要求。避难建筑应符合建筑工程抗震设防分类标准和建筑抗震设计规范规定,其抗震设防标准为重点设防类。避难建筑的防火等级不应低于二级。避难场所应设置区域位置指示与警告标识,并宜设置场所设施标识。应急避难场所建设经费应纳入地方年度财政预算。

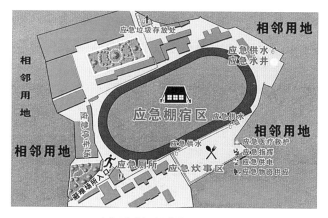

应急避难场所功能区分布图

应急避难场所的日常管理与维护由其管理单位或者产权单位负责，制定并落实应急避难场所管理与维护制度，建立管理维护档案，保证其安全和正常使用。采取措施保持应急避难场所出入口、主要疏散通道、消防通道的通畅。储备与其规模相适应的基本生活物资、基本医疗物资、疏散安置用具等物资。制定应急避难场所启用预案，并与社区应急预案相衔接，定期组织演练。

根据自然灾害和事故灾难应对工作需要启用应急避难场所的，由县级以上人民政府应急管理部门提请本级人民政府作出启用决定并发布启用公告。应急避难场所管理单位或者产权单位应当及时开放应急避难场所，并配合做好疏散、安置、救助等相关工作。紧急情况下，应急避难场所管理单位或者产权单位应当根据避险需求，立即开放应急避难场所。应急工作结束后，县级以上人民政府应当及时发布公告，终止使用应急避难场所并组织避难人员有序撤离。应急避难场所管理单位或者产权单位应当对场所进行清理，对有关设施设备进行检修维护，做好善后工作。

(2) 其他应急设施建设

辖区内学校、医院、生命线系统等重点设防类设施按高于本地区抗震设防烈度一度的要求加强其抗震措施，其他重大工程依据地震安全性评价结果进行抗震设防，主要建（构）筑物均达到当地抗震设防要求。

建设符合建设要求的社区微型消防站，队员由受过基本灭火技能训练的保安员、治安联防员、社区工作人员等担任。各类建筑依据国家消防技术标准，设置消防设施，配备灭火器材，积极运用消防远程监控系统、电气火灾监测、物联网技术等技防物防措施。定期对消防设施设备进行检测和维护保养，确保完好有效。社区消防车通道符合国家消防规范，建筑之间不违章搭建建（构）筑物，不占用防火间距、消防车作业场地，不设置遮挡排烟窗（口）或影响消防扑救的架空管线、广告牌等障碍物。居住区绿化应避免遮挡排烟窗（口）或对消防扑救造成影响。

依托社区卫生服务机构建立社区医疗救护站，提供急救服务。

（五）建立应急救灾物资储备机制

完善社区应急救灾物资储备机制，配备必要的应急设施设备，增加物资储备的种类和数量，可以改变以往突发事件发生后匆忙上阵，找不到有效开展救援的器械和物资的困境，提升基层部门和社区群众应急处置效率。

社区防灾物资储备

（1）提高物资储备多元化水平

社区应建立应急物资储备点，备有救援工具（如铁锹、撬棍、救援绳索、担架、灭火器、防洪沙袋、水泵等）、应急通信设备（如喇叭、对讲机、警报器等）、照明工具（如手电筒、应急灯、移动照明、小型发电机等）等，并做好日常管理维护和更新。建立应急物资社会储备机制，积极与社区内及邻近超市、企业等合作开展救灾应急物资协议储备，保障灾后生活物资和应急救援设备等供给。利用社区资源，与学校、医院、图书馆等事业单位开展合作，以其作为逃生、急救和疏散安置的资源储备，起到"花小钱、办大事"的撬动作用。

鼓励和引导居民家庭储备必要的应急物品，如逃生绳、灭火器、手电筒、常用药品等，推广使用家庭应急包，提高社区居民灾害来临时的先期自救能力。

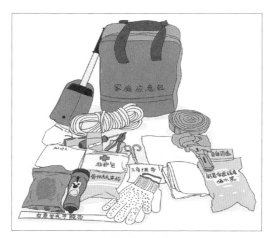

家庭应急包物品

（2）优化应急物资管理

加强对应急物资的管理，评估本社区的应急能力，摸清现有储备资源，基本做到"资源需求确切，资源获取及时"。根据应急预案要求并结合社区实际，充实、调整应急物资的配置数量和品种，制定储备物资清单。对应急物资的配置、存储、使用、维护和更新等采取动态管理，对可能出现的因灾害导致水、电、气等能源供应中断而严重影响医疗卫生服务的情况提前采取防范措施，明确管理责任人和对应职责。设立专项账本对物资进行管理，做好入库和领用记录，并做好日常维护和更新，确保灾害发生时拉得出、用得上。

物资名称	数量	使用途径	验收人	验收结果	借用人	借出/归还时间

（六）　发挥灾害保险作用

灾害保险，是为了应对自然灾害造成的损失而设立的保险险种，是指以财产本身以及与之有关的经济利益为保险标的的保险。依据所保风险的不同，灾害保险具体规定有不同的险别，如火灾保险、雹灾保险、地震保险、洪水保险等。灾害保险是风险转移的重要工具，对政府财政救助形成有效的补充。目前，我国正在探索建立包括政策性农房保险、城乡居民住宅巨灾保险、家庭财产商业保险在内的灾害保险体系，在灾害发生后，快速理赔，提高救灾效率。

国家减灾委员会、应急管理部、中国气象局、中国地震局联合印发的《全国综合减灾示范社区创建管理办法》明确指出："鼓励社区居民参加各类灾害事故保险，提高防范化解风险的能力。"社区应向当地政府、保险公司了解社区所在地区开展灾害保险的具体政策、保险种类、费率和资金分担情况，评估是否有适用于社区的灾害保险产品。与保险公司建立合作伙伴关系，将保险全过程风险管理技术纳入社区应急预案和救助体系，邀请其参与社区风险评估和预案制定，并在时机成熟的时候共同设计开发适用于社区的、具有公益属性的灾害保险产品，特别是针对农业和农村住房的保险产品，帮助社区提升应对灾害事故风险的能力。在开展社区防灾减灾培训时，加入个人和社区灾害保险内容，提升居民自我保障意识，利用金融工具防范、减少灾害导致的个人和社区经济损失，尽早恢复正常的生产生活。

社区居民应积极参加灾害保险

应急响应与处置

五

社区是感知风险的第一道关口，也是预防和应对突发事件的第一道屏障。从近几年我国发生的一系列地震、暴雨、滑坡、泥石流等重大自然灾害应急实践来看，社区居民充分发挥第一感知者和第一响应人的作用，多数脱险或幸存者往往都是因为社区居民提早发现风险，及时做出了预警并提前做好了防范，或者在第一时间开展自救互救，最大限度地降低灾害给社区可能带来的灾害风险和损失。

（一）建立灾害预警发布系统

建设社区灾害事故预警系统，实时监控辖区内自然灾害、生产安全、火灾、高空坠物等风险，能够迅速发布当地气象、洪涝、地质、火灾等灾害事故预警信息。结合使用大数据、自媒体等新技术新手段和大喇叭、吹哨子等传统手段，确保预警信息在短时间内覆盖社区全体居民。

（1）完善信息互通和联动发布机制

充分发挥"互联网＋应急""大数据""智慧城市"等先进平台，加强与政府部门的信息互通和联动发布机制建设，完善与社会力量的信息互通和联动发布机制，包括驻区企业、商户、社会组织、学校和医院等，作为专业预警网络的补充。通过遍布全社区的信息屏幕和应急广播系统，实现灾害预警、紧急避险信息的第一时间发布，提高风险沟通的效率。加强对预警信息人员的培训，确保预警工作的精准性。加强公共宣传教育，将相关内容纳入社区应急预案。

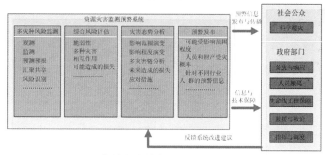

自然灾害综合监测预警系统

（2）加强预警网络建设

依托突发事件预警信息发布中心和市区级预警网络平台，完善优化预警信息发布网络，及时收集汇总灾害事故信息。有效利用社会传播手段和设施，包括应急广播电台、社区广播、报警器或语音警示系统、函件、电子邮件、手机预警应用程序（APP）和手机短信等，实现互联互通。开发面向社区应急管理工作人员、一线警务人员、消防、卫生救援人员、民兵、应急志愿者等基层人员的应急微信平台，使其具备预警信息发布、先期响应、信息报送、隐患排查、风险评价、应急处置等功能。

（3）加强预警信息审批和管理

在确保信息准确性的前提下，针对不同受众群体发布信息，例如儿童、老人、外籍人士等。预警信息的主要内容包括预警类型、预警级别、起始时间、可能影响范围、警示事项、应采取的措施、发布单位和发布时间等。

按照"及时主动，准确把握，正确引导，注重效果"的原则，社区负责人负责审批信息内容，并对后果全权负责。社区负责人授权相关工作人员，并向公众公布负责人员信息，采取"谁授权谁负责"的原则。如果社区规模很大，可以考虑授权单位组织协助发布，并对外公布其信息。其他机构或者个人不得自行向社会发布灾害预警信息。编造、传播虚假灾害预警信息或者擅自向社会发布灾害预警信息的，由有关部门责令改正；构成违反治安管理行为的，由公安机关依法处理；构成犯罪的，依法追究刑事责任。

(4) 信息发布监控和反馈

填报预警接收和传播工作日志，及时反馈传播效果。实时关注政府预警平台，当预警级别发生变化时，及时发布变更预警信息或解除预警，流程和预警信息发布一致。

在电力通信系统失灵后，动员志愿者采用敲锣、手摇报警器等报警信息工具通知预警信息，在特殊情况下上门当面告知。即使电力通信系统有效，直接受灾害事故威胁的人群，尤其不太会用智能手机甚至没有私人电话的老人、有沟通障碍的人士等，都应由应急预案中约定的志愿者或候补人员当面通知，并及时反馈预警信息已经接收的确认信息。结合社区网格化管理体系，建立健全"街道—社区—小区—楼栋""乡镇—建制村—村民小组—户"的预警信息传播工作机制，明确传播手段，确保信息到人。

（5）气象类预警信号及含义

气象类灾害预警信号级别依据气象灾害可能造成的危害程度、紧急程度和发展态势一般划分为四级，分别是Ⅰ级（特别严重）、Ⅱ级（严重）、Ⅲ级（较重）、Ⅳ级（一般）。气象类灾害预警信号图标则用颜色表示级别，红色表示Ⅰ级，橙色表示Ⅱ级，黄色表示Ⅲ级，蓝色表示Ⅳ级。不同气象灾害的预警信号和图标也有差异：

◇ 台风、暴雨、暴雪、寒潮和大风五类气象灾害预警信号分别有四种图标，相应为蓝色、黄色、橙色、红色。

◇ 沙尘暴、高温、雷电、大雾和道路结冰五类气象灾害

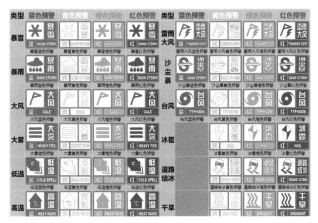

气象灾害预警信号

预警信号分别有三种图标，相应为黄色、橙色、红色。

◇ 霜冻气象灾害预警信号有三种图标，相应为蓝色、黄色、橙色。

◇ 干旱和冰雹两类气象灾害预警信号分别有两种图标，相应为橙色、红色。

◇ 霾气象灾害预警信号有两种图标，相应为黄色、橙色。

 启动应急响应

灾情就是命令，时间就是生命。突发灾害事件发生后，社区综合减灾工作领导小组应立即召开会议，根据灾情和应急预案，由领导小组组长宣布启动应急响应级别，部署抗灾救灾工作。

（1）成立现场指挥部

根据社区应急预案，组建指挥团队，成立指挥部。指挥团队的架构基础是社区综合减灾工作领导小组的组织架构，根据突发事件性质，如危化事故和公共卫生事件等，组建专家组，为应急救援队提供专业性指导意见。

在指挥长（社区综合减灾工作领导小组组长）的指导安排下，现场指挥工作包括以下内容：

开展现场情况勘查。指挥团队抵达现场后，指挥长和相关人员要在确保安全的情况下，深入现场查看情况；召开应急处置会议，包括情况通报会、社区应急救援队实施行动等；完善应急处置方案，根据现场实时情况和响应过程中对行动情况的评估结果，对应急处置方案进行修订，内容包括目标、行动周期、响应战术、各项响应工作的管理与协调、资源支持、应急为止；现场部署处置任务，根据处置方案，安排指挥团队各岗位工作任务，并在处置过程中对其工作进行评估；评估总结处置行动，根据事态和行动进展，开展实时动态评估，并召开处置行动总结会；记录汇报处置行动，包括汇总、分析所有文件资料，并形成报告，提供给上级部门。现场指挥时，还需要特别考虑问责制度、授权、人员救援和善后安排、疏散、资金、次生事故、环境因素等。

（2）进行灾情研判

在突发事件暴发现场，应先评估灾情，再采取行动。根据社区实际情况和研判结果，制定处置方案。评估是一项动态的、持续的工作，应贯穿应急处置工作的始终。

以下是开展评估工作的九个基本步骤，简称"九步评估法"。建议将这九个步骤以表格形式呈现，便于现场使用。

①收集基本信息

包括发生了什么事情（时间、地点、范围、事件性质等）？什么人、多少人、受到什么影响（伤害、威胁）？目前情况怎么样？

②评估并沟通损失情况

之前发生了什么事情？现在正在发生什么事情？之后可能会发生什么事情（最坏的情况）？

③考虑各种可能性

很可能会发生什么事情？连锁反应会导致什么情况？

④评估自身处境

自身是否处于危险境地？我（应急处置人员、社区综合应急救援队队员）是否接受过处置这类突发事件的相关训练？我（应急处置人员、社区综合应急救援队队员）是否有处理该突发事件的必要装备？

⑤确定优先级

现场相关人员是否有生命危险？我（应急处置人员、社区综合应急救援队队员）能提供帮助吗？响应人员自身的人身安全永远是第一位的。

⑥做出决策

根据第1～4步的判断结果及第5步确定的优先级做出决策。

⑦制定行动计划

制定行动计划，列出工作优先次序安排；简单的计划可采用口头交流，但较复杂的计划应该通过书面传达。

⑧采取行动

执行已制定的计划，记录工作得失和变动。在与上级机构或专业响应人员对接时，详细准确地汇报已开展的处置工作。

⑨评估进展情况

评估行动计划的完成情况，以确定哪些行动有作用，以及下一步如何调整。

（3）制定初步处置方案

指挥长（社区综合减灾工作领导小组组长）负责组织指挥团队制定处置方案，指挥长提供方案意见。如果指挥长非一线响应负责人，则需要与一线响应负责人保持密切联系，并给予指导和建议。处置方案要根据实时评估结果和一线响应人员的反馈，进行及时修订和调整，并汇报上级单位。指定专人做好记录和文件存档工作。

（4）调用资源力量和应急物资

根据灾情研判和应急预案，派出社区综合应急救援队，并在指定的集结点集合。启用社会力量参与应急救援工作机制。调运应急物资（包括应急装备、设备、工具等）到突发事件现场。提供后勤保障支持，做好资源复位。指定专人做好记录和文件存档工作。

 ## （三）开展应急处置

灾害事故现场应急处置，应根据"先排险后施救；先救命后治伤（病）；先救后送；先重伤后轻伤；先复苏后固定；先止血后包扎。"的原则，按照应急预案的程序和应急救援队各小组的职责任务，迅速开展营救和救治受伤人员、转移安置、控制危险源等应急处置工作，力争在"黄金72小时"救援期，把灾害损失降到最低限度。

（1）简单搜索

灾害初期，在大批专业救援队伍还未到达灾区之前，幸存者具有数量大、范围广的特点。社区应急救援队可发挥熟悉建筑物结构、居民分布等情况，就近投入救援，不仅提高救援效率，而且可以大大减轻人员伤亡。

①行动小组

指挥长根据现场处置方案，安排社区综合应急救援队开展简单搜索与营救工作。每个行动小组不少于3人，1人为组长，负责指挥联络，并始终与社区综合应急救援队队长保持沟通；另安排2人，组成搭档，执行搜救任务。

行动小组组成

指挥部应有社区综合应急救援队队长和各小组成员的信息，便于指挥部传达和接受信息。如果指挥长同时兼任应急队队长，直接参与一线处置工作，则应将搜救工作授权给负责搜救的组长，开展相应工作，搜救的组长直接向指挥长汇报；如果指挥长安排专人担任应急救援队队长，那么应该将搜救工作授权给队长，队长直接向指挥长汇报。队长要参加情况通报会、方案制定及修订会、行动通报会、行动总结会议等，及时告知行动进展，同时将会议信息告知队员。

社区综合应急救援队负责开展简单搜索与营救行动。具体行动构成包括：评估制定一个安全的行动方案，搜索定位幸存者并记录，营救救出或稳定幸存者。行动目标是在最短的时间内营救更多的人。首先营救受伤但还能行走的伤者，其次营救只是轻微受困的人员。

社区综合应急救援队队员开展搜索与营救行动，必须以队员自的安全保障为前提，在任何情况下不得进入重度破坏的建筑物开展搜索或救援行动，可以预估重度破坏建筑物再次坍塌的影响范围，并在外围拉警戒线进行隔离。

建筑物安全评估可对照相应标准：

轻度破坏	中度破坏	重度破坏
• 破坏仅可见于建筑表面 • 窗户破坏 • 建筑表面裂缝或墙面破裂 • 内部轻微损坏 • 建筑结构完好，能够安全进入	• 破坏较明显 • 装饰物损坏或掉落 • 墙体裂缝或破裂较明显 • 内部物品损毁严重 • 房屋还在地基上 • 仅为营救生命才进入	• 建筑部分或全部倒塌 • 建筑倾斜 • 建筑结构不稳定 • 房屋整体倒塌

搜索与营救现场情况复杂，充满很多不稳定因素，因此救援中要时刻牢记：安全第一，要想救别人，首先要保护好自己。救援队员要团队合作，至少做到两人协同行动，切不可

一个人贸然行动，同时一定要做力所能及的事情，不要逞强。

要确保作业区安全。不得尝试搜救有喷水、坠落电线、天然气泄漏、危险化学品泄漏、水位正在上升、破损的地板或倒塌的墙壁等现场作业不安全的区域。

要做好个人防护。始终穿戴个人防护用品，佩戴手套和头盔，保护手和头。佩戴口罩，过滤可能的有害物质。如现场出现有害物质（危险化学品等）泄漏，撤离至上风口，并通知专业应急救援人员。

要轮班作业。建立可用的后备队伍，采用队员轮班制，以防疲惫；救援队需有规律地饮水、进食，确保精力充沛。

要记住标准行动信号。搜救行动组应约定声音信号，以便紧急情况下安全员能及时有效地通知行动人员做出撤离、恢复行动等动作。

声音信号

②室外搜索

对于在大区域或小区域内手动搜索，可采用网格式搜索方法。搜救人员在搜救区域一侧对搜救范围建立网格图形。搜救人员之间的距离根据现场能见度和遮挡物、废墟的情况确定。搜救人员必须始终处于其两侧搜索人员的视线范围内，并不断保持语言交流；其搜索区域与两侧同伴的搜救区域重叠，应标记并记录每个已完成搜索的区域。

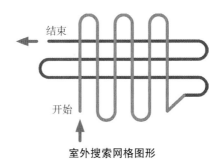

室外搜索网格图形

户外搜索要注意观察壕沟、水渠、草堆或石堆后、岩洞或动物巢穴、必经路径、河道转弯处的回水区、河道中的树枝格栅区、野外的人类痕迹（粪便、垃圾、用火痕迹等）。

③室内搜索

进行室内搜索前，搜救人员须对建筑物进行周边勘察，确定建筑物自身足够安全，且周边环境安全。

设立安全区，在进入破坏的建筑物内开展搜索行动前，搜救队要先在建筑外安全区域内设立安全区，并安排人员（安全员）时刻关注周边情况，确保救援人员安全。

搜救人员至少2人一组轮换进入建筑物开展搜索。通常建议进入建筑物开展搜救行动的队员数量不得超过行动小组总人数的一半。

搜索路径应按照由下往上、由上往下（多层建筑）、右侧墙壁到左侧墙壁（单层建筑）的方式进行系统搜索。

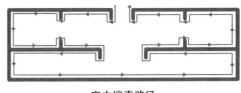

室内搜索路径

④搜救步骤

救援的第一步是搜索。救援人员必须在很短的时间内找到幸存者，把伤害降到最低限度。一般来说，搜索被埋压人员有闻、看、听等几个步骤。

步骤	动作	行动内容
标记	• 由安全区的安全员在建筑物入口处做标记 • 记录搜救行动进入和离开时间、应急救援队名称和人数、受困者信息和已搜索区域及相关情况，以便后续专业响应力量抵达现场时能够快速识别现场情况	日期 进入时间 离开时间 应急救援队名称和人数　已搜索区域及相关情况 受困者信息
喊话	• 搜救人员进入作业空间时，首先要喊话，看有没有受困人员回应	• 喊话内容："我们是社区综合应急救援队，如果能听到我说话，请到声音这里来"等 • 如果有回应或者有受困者找到搜救人员，进一步询问受困者，获取更多信息——建筑物情况、有无其他受困者等 • 然后明确指示受困者前往指定区域，如"待在这里""到外面去"(根据建筑物情况和受困者身体状况)"去……广场"(空旷安全或社区综合应急救援队预定集结地点等)
闻	• 搜救人员在进入建筑物后要嗅探室内是否有异味	• 进入建筑物后可再次关闭水电气，并嗅探室内有无异味 • 一定不能在搜索过程中使用明火
看	• 搜救人员查看受困人员可能寻求的庇护空间	• 检查每一面墙、地板和天花板的受损情况 • 桌子下面、厨柜内、浴缸内、床下、衣柜下方
听	• 时常停下来倾听，如求救声、敲击声或移动声	• 在应急处置现场，受困者可能只能发出极微弱的声音，有时候甚至要社区综合应急救援队队员屏住呼吸去听

续表

步骤	动作	行动内容
警惕	• 搜索过程中要时刻关注并谨慎判断搜索区域内的危险	• 警惕室内倒塌、危险化学品风险 • 不可直接跨越暴露的电线，不管是否已经做了断电处置 • 不可轻易触碰倾倒的液体，如果不小心沾染了污染物，应在离开建筑后即刻清洗

需要注意的是，社区综合应急救援队只能进入轻度破坏的建筑进行搜救，可以协助专业救援队伍对中度破坏的建筑进行简单搜救，任何情况下不能进入重度破坏的建筑物进行搜救。

（2）简单营救

营救包括三个主要步骤：清除杂物与废墟（利用杠杆与井框支架），解救受困人员，并营造安全的营救环境。

要对受困人员进行伤员检伤分类，检查有无气道阻塞、大出血及休克。在救援能力范围内，安全迅速地解救出受困人员。如果受困人员看起来或自述存在残疾，在移动该受困人员之前应询问其伤残处对身体的限制，有必要时让现场急救员或医护人员来移动该受困人员。

受困人员从废墟中脱困，一般有自行脱困、简单协助脱困、搬运或拖拽脱困3种情况。采用搬运或拖拽脱困要考虑，只有在受困人员没有脊柱损伤或闭合性头部外伤时，才能将受困人员扛（背、抱、抬）或拖离应急处置现场。如果受困人员存在脊柱损伤或闭合性头部外伤，运送过程中则应用背板固定其脊柱，可将门板、桌面或其他类似材料用作简易背板。救援人员在运送过程中要进行团队协作与沟通，确保受困人员的脊柱始终伸直。在安全性和时间都允许的情况下，请勿使用背、抱、抬和拖离等方式移动有脊柱损伤或闭合性头部外伤的受困人员。

 院前伤员救治

社区在开展突发事件现场处置工作时，首要任务是抢救生命。社区救援人员应掌握检伤分类及危重伤情应急处置的方法，同时也需要掌握基本的院前医疗知识，以减轻非致命性创伤带来的痛苦。

（1）安全防护

对危重伤员的院前救治，由社区综合应急救援队医疗救护组负责。医疗救护队员必须有相应资质或参加过社区认可的相关技能培训，在确保自身安全的前提下进行。要备有全套个人防护，包括护目镜（如有必要）、符合标准的口罩（N95或医用外科口罩）、足够的非乳胶手套等。检查受伤人员时，请使用非乳胶手套（紧急情况下将非乳胶手套佩戴在工作手套里面，可以节约时间）。可能的情况下应尽量每检查一位受伤人员换一副新手套，如果现场物资资源紧缺，一定要做好消毒清洁工作后，再为下一位伤员进行检查。用清洁的敷料包扎所有开放性创伤，以防感染疾病。避免接触体液。将医疗废弃物放进塑料袋，将袋子封好，标记为医疗垃圾并单独妥善处理。可采用队员轮班制，以防疲惫。队员需要规律地饮水、进食、休息，确保精力充沛。

（2）检伤分类

对伤员进行有效的检伤分类，能高效利用有限的医疗资源，对危急伤员进行及时处置，这是参与伤员入院前处置最重要的工作内容。

标签	分类	身体状况
红色	立即治疗	存在危及生命的损伤，需立即关注并予以治疗
黄色	延迟治疗	有损伤但不会危及生命，可延缓治疗
绿色	轻伤	只是轻伤或只有表面损伤，通常能走动
黑色	无呼吸无意识	尝试两次打开气道后仍无呼吸

分检出的红色伤者，需要及时进行处置，在专业医疗力量抵达现场前，尽可能地挽救伤员生命。社区综合应急救援队医疗救护组队员必须学会打开气道、控制大量出血和治疗休克的知识与技能。对伤员进行心肺复苏，须由经过专业培训并取得资质的队员实施。社区综合应急救援队队员可以通过报名参加本地红十字会组织的急救员培训等方式，学习心肺复苏术。

（3）临时医疗点的搭建

在必要的情况下，搭建或协助专业医务人员搭建临时医疗点，对伤员进行检查，对常见伤害进行院前处置，并协助将伤员转运到专业医疗点救治。

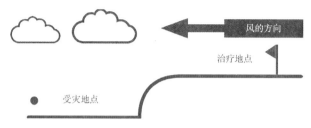

风的方向

治疗地点

受灾地点

治疗地点应该在受灾地点的上坡及上风口

应建立集中医疗区，以缩短救援地和治疗设备之间运送距离。医疗区应建在安全区域内，处于危险区的上坡且上风位置，无危险物和坠落物，且交通方便，并可扩建。

医疗区必须明确标识各类伤员的治疗区域，以确保受伤人员得到快速、有效的治疗。医疗区域布局可参照下面图示：

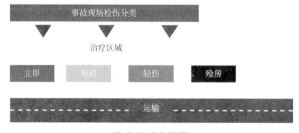

事故现场检伤分类

治疗区域

立即　　延迟　　轻伤　　殓房

运输

医疗区域布局图

"立即治疗"和"延迟治疗"的区域相互靠近。殓房应是安全的，远离治疗区域（不在视线范围内）。

社区综合应急救援队的队长须为医疗区的每一个分类区、分支区指派负责人，负责该区域的伤员处置及人员管理。伤员安置以头脚方式排列伤员，并为救援队队员预留出检查操作空间。根据实操经验，伤员之间的排列间隔一般为80~100厘米。社区综合应急救援队医疗救护组队员，应该尽可能记录伤员的姓名、地址、电话号码、衣着、年龄、性别、体型、估计身高、描述受伤情况、治疗情况、转诊去处，为入院治疗提供可靠的信息。

经评估为轻伤的伤员可选择留在或离开治疗区。轻伤人员留下来可协助社区应急救援队医疗护理小组的工作，如果离开治疗区，应予以记录。

(4) 常见伤害的院前处置

①从头到脚评估

受困人员经过搜救与检伤分类，转移至医疗区后，社区综合应急救援队医疗救护组负责医疗的成员，要对每一位受困人员进行一次从头到脚的全面评估。检查评估全身部位有无以下症状：出血、畸形、疼痛、活动受限、擦伤、异物插入、肿胀、瘫痪；检查部位包括头部、肩膀、手臂、腹部、颈部、胸部、骨盆、腿部，包括身体状况看似良好的受灾人员。

②从头到脚检查

如果受困人员能够说话，可进行口头检查，必要时可去除衣服动手检查。系统检查也以相同的顺序。仔细检查，要密切注意看、听、感觉异常情况。检查过程中，记得查看自己手上有无因为伤员出血留下的迹象。

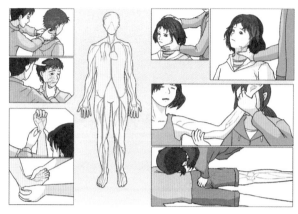

社区居民自救互救

③识别损伤

在对伤员进行外伤处置前，要识别是否为闭合性头、颈及脊柱损伤。闭合性头部外伤是脑震荡型损伤，与开放性创伤是相对的，症状包括：意识发生变化，无法活动一个或多个身体部位，头部、颈部或背部严重的疼痛或压迫感，四肢刺痛或麻木，呼吸困难或视力模糊，头部或脊柱大出血、瘀伤或畸形，鼻子或耳朵内有血或液体，耳后有瘀伤，"熊猫"眼（眼睛四周有瘀伤），瞳孔大小不一，抽搐，恶心或呕吐等。在倒塌的建筑或沉重的废墟下发现的幸存者，上述任何症状都可能是闭合性头、颈及脊柱损伤的症状，应进行相应处置。

④常见普通伤口的院前处置

首先要控制出血，清洁伤口用常温水冲洗伤口，切勿使用双氧水（过氧化氢）。用球形注射器清洗伤口，切勿用力擦洗伤口。用敷料及绷带包扎伤口，可直接将无菌敷料敷在伤口上。如有活动性出血（即如果敷料被血液渗透），在现用敷料上再敷一层敷料，持续按压并将伤口抬高，以控制出血。如无活动性出血，则冲洗伤口，然后每隔4～6小时检查有无感染症状，用绷带轻轻包扎并固定伤口敷料。对伤口周围出现肿胀，伤口有分泌物（流脓），伤口出现红色条纹等感染症状的，要及时进行消毒处理。

出现骨折、脱臼、扭伤、拉伤时，可用夹板法固定损伤位置及其上部和下部的关节。出现此类损伤时，会出现肿胀。必要时松开过紧的衣服、脱掉鞋子及珠宝饰品，防止影响血液循环。

 （五）灾情信息报送

灾情信息报送，是指灾害事故造成的人员伤亡、财产损失、现场状况、资源调配情况以及处置过程中遇到的突发情况的快速报告和后续及时报告。有利于政府部门在短时间内掌握社区的灾情，是合理调动救援力量、进行科学决策的重要依据。灾情上报得越早，越有助于救助生命和减少损失，因此灾情速报关系到应急救援的效率和效果。

（1）信息统计

在一线开展应急处置的人员，即社区综合应急救援队各功能组组长，负责收集、汇总一线情况，包括事件地点、进场路线、支援点等。社区灾害信息员负责统计灾情信息。当灾害事故发生时，灾情信息记录和传达对于制定和调整应急处置方案至关重要。这些信息包括灾害事故发展情况、现场状况、资源调配情况以及处置过程中遇到的突发情况等。

	应做记录	记录者
1	受损情况评估表	各行动小组
2	队员登记/签到表	后勤保障组/集结区待命人员
3	事件/任务跟踪日志	指挥部
4A	工作简报	指挥部
4B	行动日志	各行动小组
5	伤者治疗区记录表	医疗小组
6	通讯日志	通讯员
7	装备存货清单	后勤保障组

（2）信息报送

社区综合应急救援队各功能组组长把信息直接提交给队长，队长负责将信息提供给指挥部，如果指挥长和队长是同一人，也需要把信息分享给指挥部其他成员，以便其存档，为指挥部相关工作提供信息支持。社区灾害信息员应将经过社区综合减灾工作领导小组审核的灾情信息报送至上级应急管理部门。具体的灾情信息报送指标如下：

①灾害时间

灾害发生的时间包括灾害发生的日期和时间，应采用公历年月日和24小时标准计时方式填写，注意校对准确时间。灾害发生时间一般准确到小时，地震、滑坡、泥石流等瞬时性自然灾害要准确到分钟。

灾害结束的时间包括灾害过程基本结束的日期，应采用公历年月日填写。灾情稳定后，损失不再继续扩大或者受灾区域内人员不再受到灾害的直接影响，即为灾害的结束时间。

②灾害种类

判断灾害发生的种类，以最初发生的原生自然灾害为主要种类，各类次生灾害造成的损失应归类到原生灾害中。

③损失指标

上报的指标包括受灾人口、农作物牲畜、倒损房屋和直接经济损失四个方面。

指标	序号	内容	数量	备注
受灾人口	1	受灾乡镇数量		
	2	受灾人口		
	3	因灾死亡人口		需建立台账
	4	因灾失踪人口		需建立台账
	5	因灾伤病人口		
	6	需紧急转移安置人口		
	7	需紧急生活救助人口		
	8	需过渡性生活救助人口		
	9	因旱需生活救助人口		
	10	因旱饮水困难需救助人口		
农作物牲畜	1	农作物受灾面积		含农作物成灾面积、绝收面积
	2	草场受灾面积		

续表

指标	序号	内容	数量	备注
农作物牲畜	3	因灾死亡大牲畜		
	4	因灾死亡羊只		
倒损房屋	1	倒塌房屋间数		含倒塌农房间数
	2	倒塌房屋户数		含倒塌农房户数
	3	严重损坏房屋间数		含严重损坏农房间数
	4	严重损坏房屋户数		含严重损坏农房户数
	5	一般损坏房屋间数		含一般损坏农房间数
	6	一般损坏房屋户数		含一般损坏农房户数
直接经济损失	1	农业损失		
	2	工矿企业损失		
	3	基础设施损失		
	4	公益设施损失		
	5	家庭财产损失		

　　需要注意的是，灾害发生后，行政村（社区）应第一时间上报乡镇（街道）。需要密切关注气象信息和媒体信息，积极与有关部门沟通，及时掌握辖区灾害发生情况。

（六）应急物资保障

　　应急物资的调运和分发在一定程度上决定了处置工作的成效。应急物资根据使用对象不同，分为两部分：一是针对受灾人群的物资，如应急药品、应急食品、饮用水、棉衣被等基本生活用品；二是针对指挥团队的物资，如个人安全防护用具、救援工具、车辆、照明设备、应急通信设备等。社区综合应急救援队物资保障组负责做好物资的调配、发放和归位工作。

（1）应急物资的启用与接收管理

突发状况下的应急物资启用与接收包括如下情形：

自有物资：按照应急预案，社区在平时应为常见灾害事故储备应急物资。突发事件发生后，社区应根据预案启动社区自有的备灾物资、装备设备等应急物资，并按物资管理制度，由专人负责管理。

社区内可调用资源：在突发事件等级达到应急预案预设的程度，或其他有需求的情况下，社区还可以根据应急预案及相关协议，启用社区内指定商家、企业的备用物资和资源，包括有协议的运输资源等。

外界援助物资：在突发事件的破坏程度达到社区无力独自应对的情况下，按应急预案可第一时间向上级部门发出求助信息。应急指挥部应指派物资保障组组织志愿者统计应急物资的信息，包括需求物资的规格、数量、质量标准、时间紧迫性等，及时向上级部门汇报，争取外部援助。随着应急处置的逐步推进和各种资源的启用，对应急物资需求的评估也要同步更新。需要注意的是，如果应急物资的需求已经得到满足或得到确切的供给承诺，应及时反馈该信息，以免造成资源浪费。

（2）外界援助物资的管理

发生重、特大灾害事故后，社区通常会接收很多来自外界的物资援助，短期内应急物资的接收管理工作量可能远超物资保障组的负荷，需要紧急征集社区志愿者并有序组织开展相应的工作。

物流协管：必要的情况下，启用社区备用仓库，指派专人负责疏通仓库道路、停车场，在必要的路口安排志愿者协管交通指引，同时在仓库安排专门的志愿者团队协助管理。

清点统计：指定专人负责物资数量的清点与统计，统计信息应尽量详细，包括物资规格（尺寸、容量、包装规格等）、数量、品牌、批次、捐赠方信息及捐赠反馈需求等（紧急情况下可以运用拍照、摄像等方式辅助记录应急物资的信息，还要注意及时汇总整理这些图像、语音信息）。

出入库管理：对同类物资进行分类入库管理，对物资储存仓库进行进口与出口的分别管理，即使条件有限的情况下，也应尽量利用临时路障设施对同一出入口进行区分管理，分别由不同的人负责物资的入库工作和出库工作（同一人不得在同一时间既处理入库工作，又处理出库工作）。即便是急需物资，也应该分别完成入库和出库登记后，才能被分配使用。

仓库看守：对临时设置的应急物资储备点，要有专人负责看守，随时检查物资储存情况，避免物资受潮、霉变等，注意防火、防盗。

人员管理：物资接收、分类和管理工作是非常消耗人力及体力的工作，需要适当安排人员轮流休息，并安排专人负责工作人员的后勤补给工作，也需要专人尽量详细地统计所有响应人员及志愿者的出勤情况及服务时间。

（3）应急物资的分配和使用

应急物资的分配和使用应遵循"按需分配、公平、公开、照顾弱势群体"的原则。优先为孤儿、孤老、孤残人员及需要帮助的特殊人员提供应急物资。在物资有限的情况下，应公开优先分配物资的标准与实施细则，对弱势群体定向援助。

充分考量家庭人口数量、脆弱人群家庭、受灾程度以及发生灾害事故时是否在社区等各种情况，尽量按需求对应急物资进行公平分配。公平对待社区综合应急救援队队员以及参与应急响应的志愿者家庭。

可以按照食品与粮食、饮用水、生活物资、住宿设施、医疗物资等分类方式分别管理应急物资的分配。对物资分配现场要有序管理，避免哄抢、重复领取等现象发生，必要时通过分发物资券的方式进行物资分配管理，避免因排队领取物资造成的混乱。

应完善物资分配的签收表。物资签收通常需要按户签收，部分针对特殊人群的物资需要本人或监护人签收。如果由居民组、小区等代为签收的，应补充来自居民的签收。签收单也应该标注清楚签收物资的种类、品牌、规格、数量等信息。不同渠道或捐赠方的物资在分配时，尽量做到统筹分配但专门签收管理。

对于集中加工和供应的食物或粮食类物资，应由负责加工的队员统一签收和管理；用于公共应急行动的物资由使用者的责任人负责签收和管理使用。对分配和使用的应急物资进行定期统计（一般按天统计），定期公示。

 # （七）统筹协调社会力量

灾害事故发生时，依据预案，社区可动员社区内及周边的社会力量参与应急处置工作。如果灾害事故破坏比较大，有外来社会力量参与救助，为确保救灾工作能够高效有序开展，在相关部门的指导下，社区应对本地区外来社会力量的直接及间接参与响应工作进行统筹协调管理。

（1）社区内的社会力量统筹协调

社区在风险排查与应急预案制定中需要动员并统计社区内可提供应急资源与服务的社会力量，如有运输资源的单位与个人、救援特长的个人及团体、爱心商家及企业、志愿者及团队等。

按照应急预案，社区可以根据突发事件不同破坏等级，或实际需求，由专人负责动员并统筹社区内的社会力量资源，投入应急响应工作。为了确保应急处置工作的安全，应坚持以下原则：

①安全原则

应在启动社会力量提供的资源、技术服务等之前，对建筑物、车辆、环境及人员自身的安全进行评估。重度破坏的建筑内即使有资源，原则上也不得冒险进入。对车辆等设备使用过程中的安全也需要加强保障，应遵循至少2人一组的方式开展工作。

②自愿原则

对于资源、技术等的拥有者或提供方，是否无偿提供资源或志愿服务应基于自愿原则，并充分尊重捐赠者或志愿服务者的意愿。

③保护原则

对提供志愿服务或资源服务的社会力量，应在应急资源分配等方面公平对待他们的家庭，并尽量为其提供防护装备、防护培训及短期保险，并合理安排轮岗制，让疲劳的志愿者得到休息与补给。

④记录原则

对提供资源与服务的社会力量，应安排专人统计和记录类型、数量、规格、日期、过程、结果等信息，尤其对需要在应急状态解除后给予补偿的资源或服务，更要有专门的统计和记录，并完善财务资料。

（2）外来援助社会力量的统筹协调

外来援助社会力量的类型、资源数量及质量、周期性、风险点等往往是难以预计的，不过社区可以通过地方政府相关单位，如民政局、慈善总会、红十字会等，提前与所在市县的社会组织、慈善基金会、物流公司、知名企业建立联系，在社区有突发事件发生并需要外界援助时，能够在最短的时间内获得相关资源方的支持。当突发事件等级比较高时，社区可能会得到较多外来社会力量的援助，需要指派专人负责统筹协调工作。

外来援助社会力量通常需要通过政府应急指挥中心或下属部门统筹协调，经其授权或备案，再为社区提供援助，社区需核实其身份，并统计其援助信息和联系方式。对未经授权或备案的外来社会力量，应按照上级有关规定协助其完成备案，或更详细地统计记录其援助内容，及时上报上级指挥中心知晓。

社区应了解外来援助社会力量能提供的援助内容、形式、数量及周期，为其提供必要的协助。对外来社会力量服务信息的统计要及时更新，并及时安排有经验的队员或志愿者对其援助的成效进行监测评估，并提出建设性的意见与建议。

外来社会力量的援助终止或撤离时，应做好未尽事宜的安排，并留下能长期联络的联系人信息，同时及时向上级指挥中心报告其援助信息。

公共沟通与舆论引导

社区层面的公共沟通是指以公众利益为前提，利用多种沟通途径，把防灾减灾救灾相关信息传送给公众，消除误会和谣传，建立并维护社区和居民之间的健全和建设性的关系，进而更好地协同开展灾害事故预防和应对工作。通过正确的舆论引导，可以起到稳定人心、坚定信心的作用，保证抗灾救灾工作顺利进行。

（1）社区内的沟通

突发灾害事故发生后，对受灾居民的直接沟通应充分考虑其心理状态，满足社区居民的知情权。在应急避难场所、应急物资仓储、发放点等场地，应开辟临时的信息公开栏，及时发布灾害事故应对的管理措施、志愿者需求、资源需求、资源分配、领取方式、社会力量服务信息等内容。设置居民需求、建议意见的收集箱、在线反馈渠道，接收居民的信息反馈并由信息组人员或志愿者负责定期整理归类、进行反馈。对社区内没有受灾的居民，社区也有必要定期通过正式渠道（公告栏、公众号、自有网站等）对事件发生的原因、后果、处置方式与结果等进行披露，以防小道消息或谣言的肆意传播。

通过正式渠道披露或发布社区应急响应过程中的物资耗损、人员投入、应急资源分配、安置与重建政策等各种涉及居民切身利益的事项，并安排负责人为有需要的居民进行解释，必要的情况下需安排志愿者与接收信息不便的脆弱人群专门沟通。

社区应急指挥部及志愿者救援队都应按照应急预案中关于信息发布的规定进行信息发布，并在必要的时候，协助上级主管部门进行公开辟谣，同时要注意保护相关人员的隐私信息。当不实信息在居民间传播的时候，社区应及时制止，并在必要的时候，协助上级主管部门进行公开辟谣。

应急状态下接收、发布的信息都应备份存档。

（2）舆论引导

按应急预案规定，社区应有固定的新闻发言人，且通常由社区负责人或社区综合减灾工作领导小组组长担任，所有媒体采访应由新闻发言人承担，其他人未得到授权的情况下不得擅自接受采访。

对于上级部门介绍的记者采访，社区应与上级部门沟通，提前准备数据与事实资料，积极配合。通常情况下，如果记者询问的是社区网站上的公开信息、已经正式发布过的信息或大家都知道的信息，新闻发言人应给予肯定的答复；但如果是不能回答、不敢回答或未被授权的信息，可以告知对方能给予答复的上级部门发言人信息，且不再直接回答该问题。经上级部门审核后，对明确身份的记者，社区为之提供的信息和回答的问题应留存备份资料或录音，并留下记者的联系方式，尽量在新闻报道发稿前预约审核稿件信息。

做好善后工作

- 灾难心理援助
- 对遇难者的处置
- 基础设施的恢复重建
- 实施救助和抚恤
- 做好应急救援团队的善后

应急处置工作结束后，社区负责协助相关部门，在既定时间内开展善后处理工作，协助受灾企业和用户尽快恢复正常生产生活，按照政府相关规定对受灾群众进行救助、抚恤等，及时开展灾民心理救助，帮助受灾居民尽快恢复正常的生活和工作，对于安抚灾民情绪，提振生活信心，重建美好家园，具有重要意义。

 灾难心理援助

灾难发生后，受灾群众及社区综合应急救援队队员都可能存在灾难心理创伤。了解灾难心理的基本知识及应对方法，无论在社区综合应急救援队的响应管理方面，还是对受灾人群的服务方面都是必要的。

（1）救援队员的心理救助

参与突发事件响应的社区综合应急救援队队员可能造成直接或间接心理创伤。直接心理创伤表现为队员可能看到或听到极不愉快的甚至惨痛的事件画面、声音，从而忧虑不安。间接心理创伤（也叫替代创伤），队员可能会具有和受灾人员或幸存者类似的情绪情感反应，产生与其相同的痛苦感。替代创伤一般是由于一个人过于强烈地认同受害者创伤造成的。

症状类型	症状表现	自我减轻	同伴支持
可能的心理症状	急躁和易怒 • 自我责备或责备他人 • 孤独或退缩 • 害怕灾害事故再次发生 • 感到震惊、麻木或不知所措 • 感觉无助 • 情绪波动大 • 悲伤、沮丧和抑郁 • 否认或逃避 • 注意力不集中，记忆力变差及灾难画面经常回放 • 人际冲突或夫妻不和	• 了解灾难后可随之而来的创作体验 • 告诉家人和朋友你所需要的帮助 • 当你需要的时候，听你的倾诉 • 不要逼你说话 • 不适合的处理方式："我得想办法，让自己别再这样下去。" ——过于担心。因为自己有了某些心理反应（比如失眠、噩梦、强烈的惊恐和悲伤）而误将其当作"病态"，从而刻意地去试图压抑，反而对自己没有好处；"我没事，我挺好的。" ——隐藏感觉。更好的做法是试着把情绪讲出来，让周围的人一同分担；"怎样才能把这件事忘掉？" ——试图遗忘。其实伤痛的停留是正常的，更好的方式是与我们的朋友和家人一同去分担痛苦	• 在响应前，做好团队成员的心理准备工作 • 牢记"社区综合应急救援队"是团队工作 • 保障足够的休息，并重整团队 • 安排团队成员离开灾害事故现场进行休整 • 适当饮食和饮水 • 安排团体心理减压的时间
可能的生理症状	• 食欲不振 • 头痛或胸闷 • 腹泻、胃痛或恶心 • 坐立难安或多动 • 酒精和药物用量增加 • 噩梦 • 失眠 • 疲劳或体能下降		• 安排团队成员的轮换岗位 • 安排团队成员逐步撤出响应工作状态
如何减少应激和压力	• 保证充足睡眠 • 规律的体育锻炼 • 健康的食谱 • 工作、娱乐与休息的平衡 • 允许自己获得帮助，同时也可为他人提供帮助 • 与他人有联结 • 使用精神资源		

（2）安慰受灾人员

灾难过后，幸存者会经历不同的情绪阶段，引起一系列的生理和心理反应，影响灾民的身心健康。及时安慰受灾人员，开展心理救助，有利于受伤人员身心自我康复，激发生活和重建家园的热情。

影响阶段	灾难发生时
有些幸存者不会表现出恐惧情绪，表现为情感麻木	
记录阶段	灾难后
幸存者评估损失情况，尝试找到其他受灾人员，幸存者尝试自己恢复思维及行动能力	
营救阶段	紧急救援人员反应阶段
幸存者自愿协助应急服务人员搜救其他受灾人员	
恢复阶段	搜救后
幸存者可能会攻击救援人员，对后者表现出愤怒或责备	

（3）稳定受灾人员情绪

社区综合应急救援队队员应通过稳定受灾人员情绪来稳定整个应急处置现场的情绪，包括观察和评估受灾人员，确定其情绪反应状况，是否会对其自身或他人构成危害等。

让幸存者参与集体活动可帮助他们应对灾难心理创伤，因此应给他们分配一些有建设性的任务，如整理物品等。帮助幸存者与那些能给他们提供精神支持的人取得联系，如家人、朋友等。受灾人员常常需要倾诉他们的经历，家人、朋友等要做他们愿意听讲的人，听他们讲感受生理需求，对他们的疼痛与忧伤表达共情，让受灾人员感受到别人可以理解和分担他们的痛苦和哀伤。

(4) 共情性倾听

根据自身过去相似的经历，试图想象说话者当前的感受。但是为了减少替代创伤，注意不要受到对方的情绪感染，而产生与对方相同的情绪情感。倾听对方话语中表达出的情绪，而非仅仅听其言语内容，要注意说话者的非语言信息，如肢体语言、面部表情和语音语调等，对倾诉者的表述予以重述，确保完全理解倾诉者所说的内容，同时向倾诉者表示在倾听，从而促进沟通。

(二) 对遇难者的处置

社区综合应急救援队队员需协助专业人员处理在灾难现场发现的遗体和在治疗区死亡的受灾人员。将遗体盖起来，紧紧裹住残缺的遗体，做到对遗体的尊重。如果受灾人员在治疗区死亡，将遗体运送至临时停尸间。如果伤员检伤分类时被标记为"黑色"，则留在灾难现场，不要移动。依据当地法律法规和风俗处理遇难者。与地方政府商量，制定处理计划。

有些时候，家人和朋友不知道或不愿意相信他们的家人或朋友已经在灾难中丧生，社区需要向家人和朋友通报死讯，必要时应将其转介至专业心理健康人员处进行处置。将遇难者家庭成员和朋友与其他人分开，把他们带到安静、私密的地方。有条件时尽量让他们坐下，保持目光接触，使用平静、温和的语气对他们说："很遗憾地告诉您，你的家人（朋友）已经永远离开我们了，请节哀。"如果您知道，可以提及死者姓名或者死者与他们的关系。允许遇难者家属和朋友进行哀悼。

 ## （三）基础设施的恢复重建

尽快恢复受灾社区的基础设施，使居民恢复正常的生活生产，是善后工作的一项十分重要的任务。在必要的情况下，争取公共资源与社会力量的援助，组织开展灾后恢复重建的工作，包括水、电、路、通信等基础设施建设。辖区内学校、医院、生命线系统等重点设防类设施的恢复重建，按高于本地区抗震设防烈度一度的要求加强其抗震措施，其他重大工程依据地震安全性评价结果进行抗震设防，主要建（构）筑物均达到当地抗震设防要求。同时开展灾后隐患点工程治理、生态恢复、生计发展与脆弱群体帮扶等，使社区的基础设施恢复达到或超过灾前的水平。

（四） 实施救助和抚恤

灾害事故发生时，社区协助有关部门勘察受灾人口和房屋倒损数目，并按照要求将统计信息上报应急管理部门；协助开展灾后救助和救灾款物发放以及管理工作，指派相关人员做好信息收集、管理和存档工作。

动员组织社会力量，为受灾群体和参与应急响应的工作人员提供心理疏导和咨询服务，帮助受影响人群尽快恢复正常生活；特别关注社会脆弱群体的心理创伤恢复。

联合社会力量，组织开展防灾减灾宣传教育工作，提高受灾群众的防范和应对意识，预防或降低次生灾害事故带来的伤害。

在相关部门的指导下，开展善后评估工作，积极改进善后工作，尽快恢复灾区的社会秩序。

 （五） 做好应急救援团队的善后

应急救援队伍与志愿者的逐步撤离。应急救援队队员与志愿者往往在应急状态解除后处于极端疲惫而又松懈的状态，反而容易出现影响安全或健康的行为，作为指挥长或队长，应逐渐安排人员退出应急状态，并对善后工作提出明确的任务要求和时间限制。

应急物资和设施设备的清理，包括对个人防护装备、公共应急设施设备的检查、消杀、维修或报废处理；对应急避难场所、医疗点、指挥中心等场地的清理、检查、还原及修护。

数据与信息的复核和统计，包括应急状态下的信息记录、数据统计往往不完整或不规范，在应急状态解除后，应第一时间由信息组牵头对所有数据和信息进行复核和统计，以作为财务结算和应急工作总结的重要内容之一。

应按照财务管理规范及时完成应急阶段的财务结算工作，尤其对应急状态下启用的社区内社会资源的结算以及涉及社区居民切身利益的事项应及时完善财务资料，以供专项审计。

开展应急工作总结，包括文字资料、原始凭证、图片与影像资料等的搜集、整理、建档管理；撰写应急工作总结报告。基于应急工作的总结，召集参与响应的人员、志愿者、居民代表及相关单位专业人士，对应急工作进行复盘，并有针对性地对应急预案进行修订管理。

对参与响应的队员、提供志愿服务的人员及团队、资源提供方及援助方等出具志愿服务证明、感谢函等。